교사가 말하는 교사
교사가 꿈꾸는 교사

이 도서의 국립중앙도서관 출판예정도서목록(CIP)은 서지정보유통지원시스템 홈페이지(http://seoji. nl.go.kr)와 국가자료공동목록시스템(http://www.nl.go.kr/kolisnet)에서 이용하실 수 있습니다. (CIP제어번호: CIP2015021613)

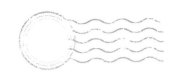

교사가 말하는 교사
교사가 꿈꾸는 교사

권재원 글

1)이 책은 교원 임용고시에 도움이 될 만한 내용을 다루지 않습니다. 물론 이야기를 풀어 나가는 도중에 교육학적 내용이 나올 수도 있고, 그러다 보면 우연히 관련될 수도 있겠지만, 그 자체를 목적으로 하지는 않습니다. 실상 좋은 교사가 되기 위해 필요한 능력과 자질은 임용고시에서 높은 점수를 받는 데 필요한 것과 무관합니다. 오히려 정반대일지도 모릅니다. 그리고 이 책의 목적은 당연히 전자에 도움을 주려는 것입니다.

2)이 책은 구체적인 상황에 대한 구체적인 처방을 제시하는 핸드북이 아닙니다. 하임 기너트 같은 분이 이런 핸드북 류의 책을 많이 쓰지만, 사실 우리가 교실에서 마주치게 되는 상황은 너무도 다양하여 이를 모두 예측해서 처방을 제시하고자 한다면 아마 핸드북이 아니라 백과사전이 되고 말 것입니다.

제 경험상 지금껏 어떤 교육 관련 핸드북도 구체적 도움을 주지 못했습니다. 구체적이면 구체적일수록 더 쓸모가 없었습니다. 오히려 듀이의『민주주의와 교육』, 헤르바르트의『일반교육학』, 화이트헤드의『교육의 목적』같은 교육 전반의 의미에 대해 성찰하도록 하는 책이 더 많은 도움이 되었습니다. 그렇게 교육에 대한 관점이 생기면 그에 따라 구체적인 상황은 스스로 대처하면 되는 것입니다. 그리고 위의 책들은 스스로 대처하도록 저를 고무시켰습니다. 이 책 역시 그렇게 여러분을 고무할 목적으로 쓴 것입니다.

3)이 책 속에는 저 나름의 교육학이 녹아 있습니다. 다만 저는 체계적이고 학문적인 형태로 제시되는 교육학은 죽은 지식이라고 생각하기 때문에, 저의 교육학, 즉 교육에 대한 저의 성찰을 그 상황·맥락과 함께 제시하려는 것입니다.

이 책에서 이와는 다른 내용을 기대하셨다면, 죄송하지만 지금 바로 이책을 덮고 도움이 될 만한 다른 분에게 넘겨주시기 바랍니다. 여러분이 제이야기를 그대로 받아들일 필요는 없습니다. 하지만 제가 다루는 문제에 대해 한 번쯤은 생각해 보시고 여러분 나름의 관점을 가지려고 노력하십시오. 수업 방법 하나 익히는 것보다 오히려 장차 더 소중한 자산이 될 것입니다.

차례

3장 학교를 망친 7가지

4장 진짜 하고 싶은 이야기, 추신

1장

우상과 허상

두 번째 편지

"교사들은 마치 권력분립처럼 여러 사람으로 나누어져 있습니다. 그래서 한 교사가 설사 나쁜 영향을 준다 하더라도 그것 때문에 학생이 치명적인 타격을 입을 가능성이 줄어듭니다. 하지만 스승은 그렇지 않습니다. 잘못 만난 스승은 천추의 한이 될 수도 있습니다. 결국 이 '스승'의 상은 가부장적인 전제 권력이 있던 봉건시대의 교육자상에 불과하며, 여기에 대한 끊임없는 향수를 불러 일으키려는 집단은 바로 그런 전제 권력을 유지하고자 하는 욕심을 교묘하게 감추고 있는 것입니다."

'스승'은
없습니다

우리가 알고 있는 것들이 모두 유의미한 지식은 아닙니다. 그중에는 꽤 그럴듯해 보이는 지식도 있지만 통념에 불과한 경우도 많습니다. 어쩌면 통념이 대부분일지도 모르지요. 통념이란 검증되지는 않았으나 흔히 사람들이 그렇게 믿기 때문에 마치 보편 지식처럼 통용되는 그런 생각들입니다. 그렇다고 통념이 아주 틀린 생각만은 아닙니다. 실제로 대부분의 통념은 나름대로 일리가 있습니다. 그러니까 그토록 많은 사람들에게 받아들여져 왔겠죠. 하지만 아무리 일리 있다 할지라도 통념은 검증되지 않은 생각일 뿐입니다. 그래서 통념은 편리하기도 하지만 위험하기도 합니다.

사실 통념은 필요합니다. 세상 모든 것들을 일일이 검증하며 살기에는 우리가 가진 시간이 너무 부족합니다. 통념은 그런 수고를 덜어 주고 시간을 절약해 줍니다. 통념 덕분에 우리는 뻔한 것까지 검증하느라 시간을 낭비하지 않습니다. 그리고 그렇게 절약된 시간을 보다 창의적이고 도전적인 일에 사용합니다.

하지만 만약 통념이 오류나 편견을 포함하고 있을 경우에는 그 편리함이 위험으로 바뀝니다. 통념은 검증되지 않았음에도 마치 이미 확인된 지식인 것같이 느껴지고, 또 여러 사람들의 입을 통해 그럴듯하게 다듬어져 있으므로 진실처럼 여겨지기 때문입니다. 그래서 잘못된 통념은 수정되기 어렵습니다. 도리어 진실을 말하는 사람이 이단자나 거짓말쟁이로 몰리기 쉽습니다. 예를 들면 오늘날에 인종차별은 당연히 나쁜 것으로 받아들여지지만, 몇 십 년 전만 해도 많은 사람들은 이를 당연하게 받아들였습니다. 인종에 따라 지적·도덕적 능력에 차이가 난다는 주장도 공공연하게 받아들여졌습니다. 잘못된 통념이었지만 여기에 반대하는 사람이 오히려 백인사회에서, 심지어 흑인사회에서조차 배척당했습니다.

이런 잘못된 통념이 수정되지 않는다면 우리는 결코 지식과 사회를 발전시킬 수 없을 것입니다. 그래서 플라톤이나 베이컨 (Francis Bacon) 같은 위대한 학자들은 자신의 철학을 본격적으로

펼치기 전에 먼저 통념과 싸웠습니다. 많은 사람들이 옳다고 믿는 통념과의 싸움은 매우 외로우며 소크라테스의 경우처럼 목숨을 걸어야 하는 것일 수도 있습니다.

하지만 우리 마음속에 찌들어 있는 잘못된 믿음의 근원을 추적하고, 그것을 제거하는 작업부터 시작하지 않으면 우리는 올바른 지식으로 가는 첫걸음조차 뗄 수 없습니다. 그래서 소크라테스는 그토록 많은 질문을 했으며, 칸트는 진리를 탐구하기 전에 먼저 우리 마음에 진리를 알 수 있는 태세가 갖춰져 있는지부터 따져 보는 『순수이성비판』을 썼습니다.

인간은 추상적 사고를 할 수 있는 존재입니다. 즉 구체적 사물 없이 관념만으로도 얼마든지 새로운 생각을 만들어 낼 수 있습니다. 그래서 그릇된 통념은 더 위험합니다. 인간의 지성은 어떤 경험적 재료 없이, 단지 공상만으로도 아무런 현실적 근거 없는 허깨비 같은 관념들을 만들어 낼 수 있는 저주받은 능력과 성향을 가지고 있습니다. 일단 잘못 자리 잡은 그릇된 통념이 계속해서 꼬리를 물고 새끼를 칠 수 있는 것입니다. 이렇게 그릇된 통념과 거기서 비롯된 근거 없는 생각들이 하나의 신념 체계를 이루게 되면(이것이 이데올로기입니다), 이때는 이미 어떻게 손써 볼 수 없는 지경이 되고 맙니다.

베이컨은 이렇게 잘못된 지식을 만들어 내게 하는 마음의 장

애들, 그릇된 신념들을 우상이라고 불렀습니다. 그 유명한 동굴의 우상, 극장의 우상, 시장의 우상 따위가 그것이죠. 먼저 이 우상들을 제거해야 감각기관이 제공하는 경험을 왜곡되지 않게 제대로 지각할 수 있다고 했습니다. 그렇지 않으면 우리는 진리를 알아 간다는 착각 속에 통념과 통념의 자식들로 이루어진 거대한 무지의 괴물을 만들어 내고 말 것입니다.

그래서 저 역시 '교사란 무엇인가'라고 묻기 전에 먼저 교사에 대해 잘못 알고 있는 것들, 그리고 교사에 대한 여러 오해와 편견을 제거하는 작업을 앞세우려 합니다. 즉 교사에 대한 우상들을 제거하려 합니다. 이런 우상들 때문에 교직에 대한 잘못된 신념 체계가, 즉 괴물 같은 거짓된 교사상이 만들어지고, 이로부터 비롯된 교사에 대한 잘못된 판단이 사회 전체를 오염시키기 때문입니다. 그 결과 교사가 되어서는 안 될 사람이 교사를 희망하기도 하고, 꼭 교사가 되어야 하는 사람이 교직을 멀리하기도 합니다.

이제 저는 교사에 대한 우상들을 하나하나 제시해서 깨뜨릴 것입니다. 우상이 깨어졌을 때 우리는 교사에 대한 통념이 아니라 실제의 교사를 응시할 수 있게 될 것입니다. 그 모습이 마음에 드는 분은 남은 부분을 계속 읽어 나가면서 교사에 대해 더 알아 나가면 될 것이고, 마음에 들지 않는 분은 거기서 책을 덮으면 될 것입니다.

물론 여기서 다루려고 하는 우상은 교사 일반에 대한 것이 아닙니다. 우리나라의 특수한 실정이 만들어 낸 한국 교사 일반에 대한 우상들입니다. 뿌리가 매우 깊고, 여러 세대에 걸쳐 형성되어 아주 고질적인 우상들입니다. 이 우상들은 심지어 속담이나 경구의 형태로까지 정착하였기 때문에 우리 의식 속에 더욱 깊게 파고들며 그만큼 근절하기가 어렵습니다. 저 역시 이 짧은 편지들로 그것들을 부술 수 있으리라 기대하지 않습니다만, 최소한 균열은 내어 보려 합니다.

'스승'은 백해무익한 말입니다

저는 그 우상들 중 첫 번째로 '스승'을 내세우려 합니다. 사실 스승은 많은 사람들이 좋아하는 단어입니다. 심지어는 그 영어 단어에 해당되는 '멘토'까지 사방팔방에서 긍정적인 의미로 사용되고 있습니다. 그런데 그걸 우상이라고, 그것도 제일 먼저 부숴야 하는 우상이라고 앞세우니 당황스러우실 겁니다. 하지만 단언하는데, 이 말은 교사가 되려는 젊은이들에게는 백해무익합니다. 만에 하나 이 스승이라는 말에 매력을 느껴서 교사가 되려는 분이 있다면 부디 그 뜻을 접어 주시기 바랍니다.

잠시 오해를 피하기 위해 덧붙입니다. 저는 스승이 나쁘다고 말하려는 것이 아닙니다. 다만 '스승'이라는 관념을 통해 교사를 이해하려는 것이 옳지 않다는 것이며, 스승으로서의 교사상은 교사에 대한 진정한 이해를 가로막는 우상이라는 것입니다.

'스승'! 이 말의 마력 덕분에 수많은 교사들이 가망 없는 상황에서도 절망적인 몸부림을 치며 무언가 하려 합니다. 이 말의 마력 덕분에 교사들은 마땅한 자기 권리마저 포기하면서 끝없는 희생을 합니다. 그리고 이 말의 마력 덕분에 세상은 교사에게 무제한의 봉사와 희생을 요구하며 그것을 당연하게 여깁니다. 이 말의 마력 덕분에 교사들은 학생들로부터 필요 이상의 무한한 존경을 기대합니다. 이 말의 마력이 패기 있고 선량한 젊은이들을 교직으로 유인하고, 또 그들이 장차 부딪치게 될 각종 난관에도 불구하고 어떻게든 보람을 찾으며 분투하게 만듭니다. 교사들에게 이 '스승'이라는 말만큼 깊게 각인된 말이 또 있을까요? 정작 스승의 날 때는 되도록 학생들을 피하고 싶어 하는 민망한 상황이 연출되기는 하지만 말입니다.

저는 이 '스승'이라는 말이야말로 교사에 대한 오해와 편견을 심어 주는 가장 강력한 우상이라고 생각합니다. 저는 이 말을 부숴야 할 우상 첫 번째로 주저 없이 꼽습니다. 교사와 스승은 결코 동의어가 아닌데 마치 동의어처럼, 아니 교사가 스승의 부분집합인 양 알려지면서 일어나는 폐단이 너무도 크기 때문입니다.

물론 교사가 스승이 될 수도 있습니다. 그러나 모든 교사가 스승이 될 필요는 없습니다. 더욱이 교사가 다른 직종에 비해 스승이 될 가능성이 더 높은 것도 아니며, 스승이 되는 것이 더 바람직한 것도 아닙니다.

밀스(Charles Wright Mills)는 사회학자들이 사랑을 받지 못하는 이유는 사람들이 믿고 안정감을 느끼는 통념들을 공격하고 해체하기 때문이라고 했습니다. 저 역시 한 사람의 사회학자로서 그토록 오랫동안 사람들의 사랑을 받아 왔던 이 말, 스승이라는 통념에 도전해 이를 해부하고 그 앙상한 모습을 드러내려 합니다. 이것이 훌륭하고 성실한 많은 교사들을, 그리고 이상을 품고 정진하는 젊은 교사 지망생들을 크게 실망시키고, 마음을 아프게 하고, 또 분노를 일으킬 수도 있음을 잘 알고 있습니다. 그러나 아무리 아름답다고 해도, 아무리 오랫동안 사랑받아 왔다고 해도 그것이 우상인 한, 진리의 제단 앞에서 파괴되어야 한다는 사실은 변함없습니다.

자, 그럼 하나하나 따져 봅시다.

먼저 스승이라는 말이 어떤 식으로 사용되는지부터 살펴봅시다. "군사부일체", "스승의 은혜는 하늘 같아서", 혹은 사범대학 장실 같은 데 자주 걸려 있는 "단순한 교사가 아니라 인생의 스승을 기른다" 같은 말들은 우리에게 무척 익숙한 용례들입니다.

이렇게 이 스승이라는 말은 교사들의 뇌리에 아주 선명한 흔적을 남길 뿐 아니라 일반인들의 교사상에도 강력한 영향력을 행사합니다.

그럼 대체 이 말의 의미는 무엇일까요?

사전에서 스승을 찾아보면 "가르쳐서 인도하는 사람" 혹은 "가르쳐 주는 사람"이라고 되어 있습니다. 무엇을 가르치는지, 어떻게 가르치는지는 명시되어 있지 않음을 유념합시다. 무엇이든 간에 가르치고 이끌 수 있으면 누구나 스승이라 불릴 자격이 있다는 뜻입니다. 심지어 뭔가 배울 것이 있다면 어린이도 나의 스승이 될 수 있는 것입니다. "세 사람이 가면 그중 나의 스승이 반드시 한 명 있다"라고 했던 공자의 말은 여기에 아주 잘 들어맞습니다. 무언가 배울 점이 있는 존재, 그것이 바로 스승입니다.

그렇다면 스승이라는 말이 꼭 교사에게 적용되어야 할 특별한 이유는 없습니다. 사실 부모야말로 가장 중요한 스승이 되어야 하는 것이 아니겠습니까? 군사부일체란 말도, 원래는 부모가 스승이 되어야 하나 자칫 부자유친에 손상이 갈 수 있어 서로 친구의 자식을 가르치는 일이 많았던 데서 비롯된 말입니다. 아버지가 믿고 맡기는 분이니 아버지나 다름없는 것입니다. 훌륭한 인품을 가진 어른이 가까이에 있다면 그분 역시 스승이 될 것입니다. 심지어 한 번도 만나 보지 못했거나 시대를 달리 산 이라 할지라도 나에게 배움을 준다면 얼마든지 스승일 수 있습니다. 예를 들면 공자는 맹자가 태어나기도 전에 세상을 떠났지만 맹자의 스승이라고 부를 수 있습니다. 마찬가지로 모차르트는 쇼팽과 차이콥스키의 스승이었고, 루소는 칸트와 페스탈로치의 스승이었습니다.

배움의 의지를 불러일으키려는 자, '교사'

스승의 의미가 무엇인지는 이제 충분히 밝혀졌습니다. 그렇다면 교사의 의미는 또 무엇일까요? 사전을 찾아보면 "학술·기예를 가르치는 사람", "학교에서 일정한 자격을 가지고 학생을 가르치는 사람"이라는 두 가지 뜻으로 정의하고 있습니다. 요즘에는 이 말이 보다 넓게 적용되어 학교는 물론 어린이집을 비롯한 어떤 기관에라도 소속되어 학생이나 아동에게 교육적 작용을 하는 사람 전반을 지칭하기도 합니다.

여하튼 여기에서 우리가 주목해야 할 부분은 두 가지인데 하나는 '학술·기예', 다른 하나는 '일정한 자격'입니다. 즉 교사는 무엇이나 가르치기만 하면 되는 사람이 아닙니다. 교사는 반드시 학술과 기예를 가르쳐야 합니다. 게다가 가르치기만 해서도 안 됩니다. 그 학술과 기예를 가르치기 위한 자격을 갖춘 사람이어야 합니다. 물론 주관적인 것이 아니라 공인된 자격을 말하는 것입니다.

즉 교사는 가르칠 내용과 기능을 보유하고 있으며, 그것을 가르칠 자격을 공인받았고 실제로 가르치는 사람입니다.

그럼 스승과 교사는 어떻게 다를까요? 스승은 그 내용이 무엇이 되었든 결과적으로 가르친 셈이 되면 누구나 될 수 있습니다. 그것이 반드시 학술과 기예가 아니라도 상관없습니다. 심지어 가르치고자 하지 않았을 경우에도 상대가 뭔가 배웠다면 그는 스승입니다. 우리가 흔히 꼽는 '내 인생의 스승'은 나를 가르치고자 의도한 바 없는 경우도 많습니다. 이것이 처음부터 특정한 분야를 가르치는 것을 목적으로 하고 그럴 자격을 갖추고 있는 교사와는 명백하게 다른 점입니다.

요리사를 예로 들어 봅시다. 과거에는 명인 밑에서 일을 도와 가며 요리를 배웠다고 합니다. 주방장 어깨너머로 슬쩍슬쩍 훔쳐보거나, 주방장이 시키는 일을 야단맞아 가며 하는 과정에서 자기도 모르게 요리를 할 수 있게 되는 것입니다. 그래서 요리 업계에서는 아직도 주방장을 다만 직장의 상사나 고용주가 아니라 '스승'이라고 부르는 풍토가 남아 있습니다.

이 명인은 물론 가르치고자 하는 명시적인 목적과 계획을 가지고 학생을 가르친 것은 아닙니다. 다만 자신의 일에 최선을 다하는 과정에서 일종의 부수적인 효과로써 제자들을 길러 낸 것입니다. 그러나 제자들에게 그런 것은 중요하지 않습니다. 결과적으로 그 명인의 요리 기법을 조금이라도 익힐 수 있었다면 그는 스승이 되는 것입니다.

이와 같이 제자들이 배움을 얻었다고 인정하느냐 하는 것이 스승을 가려내는 기준입니다. 달리 말해 어떤 사람이 스승으로 불리느냐 마느냐는 가르치는 사람이 아니라 배우는 사람에게 달려 있습니다. 그렇기 때문에 스승이 되기란 쉽기도 하며 어렵기도 합니다. 가르침의 의지에 앞서 배움의 의지가 선행되어야만 스승이 될 수 있기 때문입니다. 그래서 과거의 많은 스승들은 배울 의지가 없는 제자들을 파문하고 쫓아내었습니다. 배우지 않으려는 자는 결국 자신을 스승으로 인정하지 않는 것에 다름없으니까요.

하지만 교사는 그렇지 않습니다. 만약 그 명인이 다만 요리의 달인이 아니라 요리 학교의 교사였다면, 그는 결코 제자들이 어깨너머로 배우도록 방치하지 않을 것입니다. 그는 처음부터 요리를 가르칠 목적과, 요리를 가르치기 위한 나름의 방법을 가지고서 학생들을 접할 것입니다. 또 그가 교사인 한 학생들이 요리를 배우고자 하는 의지가 있는지 여부와 관계없이 어떻게 해서든지 요리를 가르쳐야 할 것입니다. 오히려 배우고자 하는 의지를 만들어 내면서까지 가르칠 것입니다. 따라서 학습이 일어나는 상황에서 그는 학생들에게 스승은커녕 원수 취급을 받을 수도 있을 것입니다.

이제 정리해 봅시다. 스승은 교육 그 자체를 목적으로 하고 있는지 여부와 무관하게 결과적으로 교육적 효과를 보여 주는 사람을 일컫는 총칭입니다. 그 사람을 스승으로 인정할 것인가 말 것인가는 순전히 배우는 쪽의 선택입니다. 전혀 가르친 적이 없는데 누군가가 나를 스승으로 여길 수도 있고, 열심히 가르쳤는데도 나를 스승으로 인정하지 않을 수도 있습니다. 경우에 따라서는 정말 중요한 것을 가르쳤음에도 불구하고 배운 사람이 그것이 자기에게 큰 도움이 되었음을 인지하지 못하는 경우가 있습니다. 이 경우에도 그는 스승이 아닙니다. 스승의 노릇은 톡톡히 한 셈이지만, 배운 사람이 그렇게 여기지 않으니 말입니다.

반면 교사는 교육의 의도를 분명히 하고 그것을 전문적인 직업으로 삼고 있는 사람입니다. 따라서 그 결과와 무관하게 가르치는 사람이 어떤 태도와 방법으로 교육에 임했느냐 하는 것이 교사의 기준입니다. 물론 경우에 따라 학생들이 아무것도 배운 바가 없을 수도 있습니다. 하지만 그가 나름의 방법을 가지고 의도적으로 가르치고자 하는 노력을 게을리하지 않았다면, 그리고 가르치는 자로서 자신의 위치를 분명하게 자각하고 있었다면, 그는 무능한 교사일 뿐 교사가 아닌 것은 아닙니다.

교사와 스승의 차이는 또 있습니다. 그것은 바로 배우는 사람의 특성입니다. 스승은 모든 연령, 모든 사람들을 대상으로 삼을 수 있습니다. 대학교수는 물론 교육부 장관, 대통령이라 할지라도 모든 것을 알 수는 없습니다. 그래서 반드시 누군가에서 배워야 합니다. 그 배움은 공식적일 수도 비공식적일 수도 있지만, 어느 경우에나 그 누군가는 있으며, 그가 바로 스승입니다. 즉 스승은 일단 배우고자 하는 사람이 먼저 있고, 그다음에 배움을 주는 사람으로서 존재합니다. 반면 교사는 어린이와 청소년, 즉 미성숙한 사람들을 가르치는 전문 직업입니다. 어린이와 청소년은 배우고자 하는 사람이 아닙니다. 심지어 어른 중에서도 배우고자 하는 마음을 가진 사람이 흔하지는 않은 법이니까요. 따라서 교사는 가르치는 일뿐 아니라 배우고자 하는 마음을 불러일으키는 일까지 해야 합니다. 교사는 배우고 싶어 하는 것을 가르치는 사람이 아니라 배워야 할 것을 가르치는 사람이기 때문입니다.

따라서 교사의 일에는 학생에게나 교사 본인에게나 다소 강압적인 면이 있습니다. 강압적이지 않다면 물론 좋겠죠. 예컨대 학생들 스스로 배울 마음이 생길 때까지 기다린 뒤, 그들이 스스로 배우게 한다면 얼마나 좋겠습니까? 하지만 이는 이상적인 생각일 뿐입니다. 교사는 학생이 배울 마음이 전혀 없어도 어떻게 해서든 주어진 시간 안에 결과적으로 배우게 만들어 주어야 하는 사회적 책무를 가지고 있습니다. 인간의 삶, 그리고 인간의 공동체가 가진 시간은 유한하기 때문에 배울 마음이 생길 때까지 마냥 기다려 줄 수 없습니다.

이런 등등의 이유를 따져 보면 교사가 스승이 되기는 거의 불가능하다는 것을 알 수 있습니다. 특히 학교급이 내려갈수록 스승이 되기 어렵습니다. 학생의 나이가 어릴수록 스스로 배우고자 하는 마음도 적기 때문이며, 배웠다는 자각도 잘 일어나지 않기 때문입니다. 따라서 교사는 스승이 아닙니다. 학생이 아주 먼 훗날 되돌아볼 때 문득 교사를 스승으로 느낄 수도 있을 뿐입니다.

교사는 미래에 스승으로 회상될 가능성을 보상으로 기대할 수 없습니다. 먼 훗날 스승으로 기억되건 말건 일단 지금 눈앞의 학생들에게 우선 교사가 되어야 합니다. 스승은 배움의 유무에 의해 가름하는 개념이지만 교사는 가르치는 전문성과 직업윤리에 의해 가름하는 개념이기 때문입니다. 스승은 결과적으로 가르친 셈이 된 사람이지만, 교사는 처음부터 가르치는 것을 목적으로 하는 전문가입니다. 스승은 배움이 일어나지 않았을 경우에도 묵묵히 자기 일을 하는 사람이지만, 교사는 그런 사태가 발생하면 자신의 기술과 전략을 성찰하고 이를 더욱 효과적으로 개선하는 그런 사람입니다. 스승의 가르침은 무심결에 일어나지만 교사의 가르침은 의식적입니다.

따라서 '요즘 세상에 교사는 있어도 스승은 없다'라는 말은 결코 교사를 비판하는 말, 혹은 세태를 한탄하는 말로 쓰일 수 없습니다. 도리어 교사와 스승을 명확하게 구별하는 것이 더 바람직합니다. 이는 가르치는 일이 점점 전문화·의식화되고 있으며, 사회 분업이 더 고도화되고 정교해지고 있다는 의미이기 때문입니다. 대부분의 사회학자들은 사회 분업의 고도화·정교화를 사회 발전의 한 지표로 삼습니다. 현대사회에서는 과거라면 우연히 무의식적으로 배웠을 여러 지식과 기능이 의도적인 가르침의 대상으로 바뀌는 현상이 매우 빠르게 일어나고 있습니다. 즉 학교뿐 아니라 다른 영역에서도 스승은 줄어들고 교사는 늘어나고 있는 것입니다.

근대의 시작, 교사의 탄생

'교사는 적고 스승이 많던' 시절이 확실히 존재하긴 했습니다. 하지만 그 시절은 전통사회·전근대사회였을 것입니다. 전통사회에서는 '교육'이 전문적인 영역으로 간주되지 않았습니다. 우리나라의 예를 들면, 조선시대까지만 해도 가르치는 일을 전문으로 하는 직업인 교사는 존재하지 않았습니다. 물론 서당이나 서원, 혹은 향교나 성균관의 선생들은 무엇이냐 반문할 분들이 계실 겁니다. 하지만 이들은 교사가 아니라 스승이었습니다. 이들은 기본적으로 학자이며 관료였지, 유교를 가르치는 것을 업으로 삼고 유교 학습법을 체계적으로 연구하는 사람들은 아니었습니다. 출사하면 관료가 되고 물러서면 가르치는 것이 당시 유교 지식인들의 보편적인 삶의 방식이었습니다. 그래서 이들은 언제든지 가르치는 일에서 관료의 자리로 옮겨 다닐 수 있었습니다.

예컨대 향교의 교수(중등교원)가 군수나 목사(광역시장)로 발령이 나도 하등 이상할 것이 없던 시절입니다. 반대로 찰방(역장)이나 녹사(서기)가 교수로 발령 나는 것 역시 원칙적으로 가능했습니다. 생각해 보십시오. 교사가 면장이나 군수로 발령 나는 것이 오늘날 가당키나 합니까? 더구나 역장이나 시청 서기가 교사로 발령 나는 것을 오늘날 누가 용납하겠습니까?

그나마 선생이라 불리는 관직이라도 있었던 것은 유교를 가르치는 분야에 한정되었습니다. 다른 분야의 교육은 사실상 일하면서 어깨너머로 배우는 것이 대부분이었습니다. 이른바 도제 시스템이죠. 대부분의 실용적인 지식과 기술 분야의 교육은 해당 기관이나 작업장에서 담당했습니다. 공고나 공대 대신 공방이 있었고, 의과대학 대신 의원이 있었습니다. 이곳에는 가르치는 것 자체가 업은 아니지만 젊은이들에게 많은 영향력을 행사하고 결과적으로 가르침을 주는 전문가들이 있습니다. 이들이 바로 스승입니다. 심지어 유교 역시 교사에게 배우는 경우보다는 학자의 문하에 들어가 일종의 조교나 조수 노릇을 하면서 배우는 경우가 더 많았습니다.

이런 식으로 배우다 보면 학생들은 특정한 기능이나 지식뿐 아니라 스승의 삶의 방식, 가치관까지 배우게 됩니다. 물론 이는 스승이 의도한 바가 아닙니다. 스승은 자기도 모르는 사이에 제자에게 자신의 삶 자체를 전수합니다. 얼핏 보면 참으로 아름다운 광경입니다. 하지만 이는 어디까지나 스승 역할을 하는 사람들이 모두 훌륭한 사람들이고 도덕적으로 올바를 것이라는 비현실적인 전제가 충족되는 한에서의 이야기입니다.

안타깝게도 어떤 분야에서 장인이나 대가로 인정받는다는 것이 그 사람의 인격까지 보장해 주지는 않으며, 더군다나 제자들에 대한 온당한 대우와 교육을 보장해 주지도 않습니다. 스승에게 배우는 것은 너무도 우연적인 요소가 많기 때문에 운이 좋으면 훌륭한 스승을 만나 대성할 수 있겠지만, 운이 나쁘면 오히려 신체적·정신적 학대와 착취만 당할 수도 있습니다. 그리고 대체로 좋은 스승을 만나는 운이 그렇게 자주 있는 것은 아닙니다.

다시 돌아가 '스승은 없고 교사만 있다'라는 말을 살펴봅시다.

이 탄식은 교사들에게 어쩌다 한 번 운이 좋아야만 만날 수 있는 훌륭한 스승의 역할까지 담당하라는 사회적 요구에서 비롯된 것이라 하겠습니다. 이는 지나친 요구입니다. '교사'는 운이 나쁠 경우 만나게 될 고약한 스승의 가능성을 제거하고 최소한 어느 정도의 자격과 능력을 갖춘 교육자를 확보하기 위해 만들어진 근대적 제도입니다.

물론 교사들 중 훌륭한 스승에 해당되는 사람이 있을 수도 있지만, 이 역시 흔하지 않은 행운입니다. 훌륭한 스승이 될 가능성을 어느 정도 희생하면서 고약한 스승의 위험을 제거한 것이 바로 교사인 것입니다.

그렇다면 왜 훌륭한 스승의 가능성을 포기하면서까지 교사가 교육을 담당하게 되었을까요?

전통사회의 '스승질'을 통해 비의도적이고 우연하게 전수되기에는 오늘날 교육이 감당해야 할 기능·범위·내용이 너무도 크고 전문화되었기 때문입니다. 이는 근대화에 따른 필연적 결과입니다. 근대화는 지식의 폭발적인 증가와 함께 진행되었습니다. 근대화는 신비와 주문으로 감추어졌던 지식의 봉인을 풀었습니다. 근대화는 지식을 어떤 신비한 영역에 들어서는 특별한 경험이 아니라 누구나 노력하면 획득할 수 있는 자원으로 변화시켰습니다. 근대화는 민족국가와 세계시장을 불러왔습니다.

자신이 태어나서 살아가는 작은 지역사회만 경험했던 전통사회와 달리 근대인은 최소한 민족국가 규모의 세상, 더 나아가서는 전 지구적 범위의 세상을 경험하고 살아야 합니다. 한 사람의 시민이라고 불리기 위해 공유해야 하는 지식·사고·정서의 양과 범위가 엄청나게 넓어진 것입니다.

당장 초등학교 교육과정을 한번 살펴보십시오. 단지 유교 경전과 예절, 혹은 약간의 기능 정도만 익히면 되었던 '스승'의 시대보다 훨씬 광범위하고 다양한 영역들이 교육되고 있음을 확인할 수 있을 것입니다. 중학교 이상으로 올라가면 이제 도저히 한 사람이 감당할 수 없을 만큼 다양한 전문 분야들이 기다리고 있습니다. 각 분야들은 그것을 가르치기 위해 평생을 헌신하도록 기대되는 각 과목 전공 교사들에 의해 분담됩니다. 전통사회와 달리 교육이 분업화된 것입니다.

이렇게 교육이 분업화되지 않고 '스승'이라는 전통사회의 방식으로 가르친다면 어떨까요? 그 넓은 분야, 수많은 교과에 정통한 그런 '스승'은 그야말로 대학자가 아니고서는 찾기 어려울 것입니다. 그리고 그런 스승의 숫자가 매우 드물기 때문에 교육을 받을 수 있는 학생의 숫자도 매우 적을 것입니다.

실제로 전통사회에서 교육은 일종의 특권이었습니다. 18세기의 가장 진보적인 사상가였던 루소조차 진정한 교육은 맨투맨 교육 외에는 없으며, 한 스승은 평생에 걸쳐 한 명의 학생 이상을 가르칠 수 없다고 할 정도로 교육은 힘들고 까다로운 일이었습니다.

이걸 페스탈로치가 학급 시스템을 통해 수십 명으로 늘린 것이고, 프랑스와 독일에서 앞다투어 근대 군대와 공장을 본뜬 분업 시스템을 도입하여 오늘날과 같은 학교를 만든 것입니다. 장인이 생산물에 대해 가지는 권리와 책임보다 분업화된 공장에서 노동자가 가지는 권리와 책임이 턱없이 작은 것과 마찬가지로 이제 분업화된 학교의 교사 한 사람이 학생 한 사람에게 미치는 영향력은 과거 스승의 그것과는 비할 바가 못 됩니다. 이는 안타까운 일이지만 교육이 더 이상 귀족의 특권이 아니게 되고, 또 갈수록 가르쳐야 할 영역과 내용이 늘어나고 있는 상황에서는 불가피한 일입니다.

물론 어떤 교사는 이렇게 분업화된 속에서도 몇몇 학생들에게 인생을 뒤흔드는 충격과 각성을 주는 등 분담한 영역 이상의 영향력을 행사하여 평생의 스승이 될 수도 있을 것입니다. 하지만 그것은 어디까지나 우연한 효과이지 그것을 목표로 삼아 추구하기는 어려운 일입니다. 하늘과 같은, 부모와 같은 스승이 될 희망을 버릴 필요까지는 없지만, 합리적이고 전문적인 직업인으로서 교사가 되기를 추구하는 쪽이 보다 현실적일 것입니다.

이미 근대사회가 스승의 권위를 해체하고 교사라는 직업인을 배치한 이상, '스승은 없고 교사만 있다'라는 말은 당연한 현실을 다시 기술하고 있는 것에 불과합니다. 그런데도 이런 말이 자꾸 회자되는 것은 교사에게 필요 이상의 도덕적 압력을 가하여 무한정의 노력 동원을 강요하기 위해서입니다. 이것은 아주 비열한 선전 선동입니다.

사실 '스승'의 상은 오늘날 훌륭한 시민을 양성하는 데 썩 도움이 되는 것도 아닙니다. 오늘날 시민에게 필요한 자질은 의사결정 능력과 비판적 사고력입니다. 이런 능력은 전인격적인 스승의 인도를 받아서는 도리어 압살될 가능성이 큽니다. 너무 큰 스승의 그림자는 학생들의 비판적인 의식이 자라나는 데 방해가 될 것입니다. 오히려 학생들이 이런 능력을 갖출 수 있도록 절절하고 체계적인 자극을 주는 것에 만족하는 교사들이 여기에 더 적합합니다.

게다가 교사들은 마치 권력분립처럼 여러 사람으로 나누어져 있습니다. 그래서 한 교사가 설사 나쁜 영향을 준다 하더라도 그것 때문에 학생이 치명적인 타격을 입을 가능성이 줄어듭니다. 하지만 스승은 그렇지 않습니다. 잘못 만난 스승은 천추의 한이 될 수도 있습니다. 결국 이 '스승'의 상은 가부장적인 전제 권력이 있던 봉건시대의 교육사상에 불과하며, 여기에 대한 끊임없는 향수를 불러일으키려는 집단은 바로 그런 전제 권력을 유지하고자 하는 욕심을 교묘하게 감추고 있는 것입니다.

물론 잠재적 교육과정이란 것이 있기 때문에 여러분은 자신도 모르는 사이에 스승이 될 수도 있습니다. 하지만 그것을 목표로 삼을 필요는 없으며, 또 스승이 되지 못했다고 특별히 서운해 하지 않아도 됩니다. 혹 스승 대접을 받더라도 그것 때문에 자신이 더 좋은 교사가 되었다고 생각해서는 안 됩니다.

잊히는 교사야말로 완벽한 교사

때로는 스승의 날에 졸업생이 한 명도 찾아오지 않을 수 있습니다. 그러면 오히려 그것이 교육의 성공이라고 생각하십시오. 학생의 인생에 깊이 개입하는 스승과 달리, 그들이 스스로 설 수 있도록 거리를 두고 자극을 제공하는 교사는 졸업생들에게는 잊힌 존재가 되어야 하기 때문입니다. 학생들이 훌륭하게 성장했는데 선생님의 고마움을 모르고 마치 자기 스스로 자란 것처럼 여길 때, 그것이야말로 교사가 가장 완벽하게 자기 책무를 다한 때일 겁니다. 여담입니다만 경력이 어느 정도 쌓이면 스승의 날 때 졸업생이 찾아오는 것이 그다지 반갑지 않습니다.

다시 한 번 강조하거니와 전근대적인 '스승의 우상'은 반드시 타파되어야 합니다. 혹시 스승이 되고자 교사라는 직업을 선택하려는 혹은 이미 선택한 젊은이가 있다면 더 늦기 전에 다른 진로를 진지하게 고민해 보시기 바랍니다.

세 번째 편지

"교사의 노동은 가르치는 일뿐 아니라 배우는 일도 포함됩니다. 이 배움은 삶의 순간, 교육의 순간에 발생하는 수많은 문제를 해결하기 위해 고민하고 탐구하는 것을 말하지 일방적으로 던져지는 연수 따위를 말하는 것이 아닙니다. 연수는 교사들에게 되도록 빨리 전달될 필요가 있는 긴급한 경우에나 효과가 있을 뿐, 대부분의 경우는 교사의 배움을 방해하는 소모적인 행위입니다. 교사의 배움은 교사들 간의, 교사와 학생 간의, 그리고 무엇보다도 교사 스스로의 자율적인 행위라야 합니다."

생산할 것인가
성장할 것인가

           우리나라의 많은 부모들이 교사를 믿지 않습니다. 그리고 교사가 하는 일에 비해 분에 넘치는 대우를 받고 있으니 지금보다 처우를 더 열악하게 만들어야 한다고 주장합니다. 교사의 처지를 열악하게 만든다고 해서 그만큼의 자원이 다른 사람들에게 돌아갈 턱이 없건만, 사회 전체적으로 존경은 사라지고 질투만이 넘실댑니다. 그러면서도 많은 부모들은 자기 자녀가 되었으면 하는 직업으로 교사를 손꼽습니다. 역설도 이런 역설이 없습니다. 왜 그런가 하고 물어보면 거기에 사회적 가치, 윤리적 가치로 대답하는 경우는 거의 없습니다. 그 이유는 크게 두 가지, 수입의 안정성과 넉넉한 여가

시간입니다.

이 중 넉넉한 여가시간은 교사가 지금처럼 상대적으로 소득이 높은 계층이 아니던 시절에도 유능한 젊은이들을 끌어들이는 강력한 유인 중 하나였습니다. 1980년대, 웬만한 회사원이면 교사의 월급 따위는 용돈 수준으로도 안 보던 시절에도 소득은 적더라도 자기 시간이 많다는 이점을 누리기 위해 교사를 직업으로 선택한 유능한 젊은이들이 있었습니다.

여가시간이 많다는 것은 노동시간이 적다는 뜻이겠죠. 그렇습니다. 실제로 교사의 노동시간은 다른 직종에 비해 적습니다. 공립 중학교를 기준으로 보면 8시 30분에 일과가 시작되어 16시 30분에 끝납니다. 사실상 7시간 노동제나 다름없습니다. 게다가 1년 중 수업이 행해지는 날은 190여 일에 불과합니다. 즉 1년에 적어도 170일이 말하자면 노는 날입니다. 생각해 보십시오. 7시간 노동에 근무일 : 휴가의 비율이 5.5 : 4.5인 직장. 거기에 이른바 철밥통에 긴 정년에 연금까지!

더 이상 긴말하지 않겠습니다. 교사라는 여유 넘치는 직업에 대한 판타지는 이미 대한민국 사회에 너무도 널리 퍼져서 새삼 강조할 필요도 없기 때문입니다. 여러분도 이미 다 아는 사실일 것이며, 이걸 노리고 교사가 되려는 것을 굳이 숨기시지 않아도 됩니다. 그러니 어느 지방자치단체에서는 교사가 반드시 50퍼센트 이상 참석하는 단체 맞선을 저출산 대책이랍시고 내어 놓은 것 아니겠습니까? 선호하는 신붓감 1위에 늘 교사를 올려놓는 남성들의 심리도 역시 이런 것 아니겠습니까? '밖에서 돈도 벌어 오면서 시간이 많아서 집안일도 다 할 수 있는 색시'. 아주 노골적으로 우렁각시를 꿈꾸고 있나 봅니다.

그런데 과연 그럴까요? 여기에 대해서는 다음과 같은 세 가지 답변을 드릴까 합니다.

① 전혀 그렇지 않습니다.

② 또 그래서도 안 됩니다.

③ 만약 정말로 그렇다면 조만간에 그 여유시간은 사라지고 말 것입니다.

삶 전체가 교육의 시간

우선 첫 번째 대답부터 풀어 보겠습니다.

교육계에 아주 오래된 격언이 있습니다. '제대로 하고자 한다면 시간이 한없이 부족하고, 게으름을 피우고자 한다면 시간이 한없이 남아돌 것이다'라는 말이 그것입니다.

이 격언은 앞부분만 진실이고 뒷부분은 진실이 아닙니다. 그 이유는 교사의 노동이 살아 있고 또 성장하는(듀이는 이 둘을 동의

어로 씁니다만) '인간'을 대상으로 하고 있기 때문입니다. 그래서 교사는 한없이 부지런하지 않을 수는 있지만 한없이 게으르기는 대단히 어려운 직업입니다. 그랬다가는 살아 있고 성장하는 대상인 학생들로부터 즉각 경멸과 무시, 그리고 통제 불능의 아수라장이라는 부정적인 반응을 얻을 테니까요. 그쯤이야 무시할 만큼 철면피가 되면 상관없겠지만, 철면피 되기란 성실한 사람 되기보다 더 어렵습니다. 그래서 가장 게으른 교사라도 일반 사회 기준으로 보통 수준의 회사원만큼은 성실합니다. 그렇지 않으면 우선 본인이 아이들 등쌀에 견뎌 내기가 어렵습니다.

물론 제가 학생이던 시절에는 그 하한선마저 무시한 한없이 나태한 교사가 있기도 했습니다. 그 나태함은 바로 폭력으로 환원되었습니다. 그런 사람들은 자신의 나태함으로 인해 아이들이 등쌀을 대기 시작하면 즉각 무자비한 폭력을 휘둘러 제압하곤 했습니다. 지금 한없이 나태한 교사에 대한 이미지를 가지고 있는 어른들은 아마 그러한 과거 기억을 떠올리고들 있을 것입니다. 하지만 21세기에 들어서면서 학교의 구성원은 매우 빠른 속도로 바뀌었습니다. 중년층 세대가 학교 다닐 때 만났을 그 어처구니없는 타입의 교사들은 대개 퇴직한 지 오래입니다. 교사가 따귀를 예사로 날리던 시절의 기억을 가지고 오늘날의 학교를 예단해서는 안 됩니다.

반면 교사가 부지런하기로 마음먹으면 여기에는 상한선이 없습니다. 이 역시 교사가 사물이 아니라 사람을 상대로 노동하기 때문입니다. 엄밀히 말하면 교사는 교육이라는 노동을 하는 것이 아니라 교육을 하는 것입니다. 교사는 학생이 배우도록 하거나 배움을 주는 존재로 그치지 않습니다. 교사는 학생과 함께 배우고 익히는 존재입니다. 그래서 교사는 교육을 제공하는 노동자가 아니라 다만 교육자인 것입니다. 교사가 하는 일은 컨베이어 벨트에 서서 반복 작업을 하는 단순노동과 성질부터 다릅니다. 단순노동은 시간과 양에 의해 평가됩니다. 얼마나 많은 시간을 일했나, 또 얼마나 많은 양을 생산했나에 따라 노동의 성과가 평가되고 보수가 주어집니다. 아무리 많은 시간을 일하더라도 노동자들은 똑같은 재료를 가지고 똑같은 상품을 생산하기 때문입니다.

하지만 교사가 함께 배우고 익혀야 할 학생들은 그렇지 않습니다. 계획은 다만 종이 위 혹은 컴퓨터 파일 속에서나 정리될 뿐입니다. 학생들은 날마다 바뀝니다. 교실 상황도 날마다 달라집니다. 이 모든 것을 교사는 예측할 수 없습니다. 따라서 수업 방법이나 학습 목표는 매일, 매 순간 다시 정해져야 하며 새로 구상되어야 합니다. 일단 이 구상이 마무리된다면 정작 교실에서 하게 되는 수업은 그 최종 단계에 지나지 않습니다.

따라서 교사의 일은 교실에 들어선 순간 시작되는 것이 아닙니다. 교사는 교실에서뿐 아니라 교실 밖에서, 심지어는 삶의 전체를 기울여서 일해야 합니다. 삶 자체가 교실에서의 수업을 준비하는 것입니다. 그러니 교실에 있는 시간을 충실하게 일하고, 혹은 학교에 있는 시간을 충실히 일하는 교사들은 성실한 교사가 아니라 절반만 성실한 교사입니다. 진정 성실한 교사는 교실 안과 밖, 학교 안과 밖, 한마디로 삶 전반에 걸쳐 성실해야 합니다. 교육에 대한 부족한 구상과 부실한 반성의 결과는 교실에서 바로 드러나기 때문입니다. 학생들은 충분히 숙고되지 않고, 제대로 준비되지 않은 수업에는 이내 흥미를 잃어버립니다. 흥미를 잃어버려 몸을 뒤틀고 있는 학생들 앞에서 45분간 수업을 진행하는 것은 고역일 뿐 아니라 인간적인 모멸감까지 느끼게 만드는 끔찍한 경험입니다.

학생을 강제할 것인가, 내가 성장할 것인가

교사들은 두 가지 선택의 기로에 서게 됩니다. 하나는 교실 밖에 있는 시간을 '비는 시간'으로 보지 않고 '연구와 사색의 시간'으로 쓰는 것입니다. 방학을 '배움을 놓는 기간'인 방학(放學)이 아니라 '배움을 널리 구하는' 방학(訪學)으로 사용하는 것입니다. 다른 하나는 45분 동안의 모멸감을 떨치기 위하여 그 지루한 수업에 학생들을 강제로 집중시키는 것, 즉 강압적인 방법(과거에는 체벌, 최근에는 벌점)을 동원하는 것입니다.

그러나 강압적인 방법을 동원할수록 학생들과의 상호작용만 악화되며, 결국은 서로 증오하는 관계로 가는 최악의 결과를 가져오기도 합니다. 더군다나 요즘 학생들은 젊은 교사들을 전혀 두려워하지 않습니다. 이런 학생들을 상대로 억지로 무섭게 보이려 하고 강압적인 요구를 하면 지시 불응과 같은 더 심각한 상황에 직면할 수도 있습니다. 이 경우 젊은 교사가 겪게 되는 정신적인 충격과 교직에 대한 환멸은 상상을 초월합니다.

따라서 재미있고 흥미 있는 수업을 위해 시간을 투자하여 구상하고 반성하는 것은 비단 학생들뿐 아니라 교사 자신의 정신 건강을 위해서도 꼭 필요합니다. 학생들과의 우호적인 관계를 몸으로 느끼면서 활발한 상호작용을 즐기는 가운데 수업하는 기쁨은 이를 경험해 보지 못한 다른 직종 종사자들에게 미안한 마음이 들 정도로 대단한 것입니다. 하지만 이 기쁨은 거저 주어지는 것이 아니라 끊임없는 학습과 연구의 산물입니다.

이는 많아야 하루 3시간 남짓한 '비는 시간'으로는 턱없이 부족하며, 그나마 이 시간마저 수업 준비를 위한 학습과 연구에 할애하기 어려운 것이 한국 학교의 실정입니다. 각종 회의, 쓸모없는 행정 문서 꾸미기, 각종 전시성 사업 따위에 시간을 허비하다 보면 부아가 치밀어 오를 지경입니다. 그 시간만큼 연구와 학습을 하지 못했다는 것을 생각하면 피가 거꾸로 솟을 지경이 됩니다.

게다가 교사가 준비해야 하는 것은 매 순간의 수업뿐이 아닙니다. 교사는 당장의 수업에 직접적으로 쓰이지는 않을지라도 자기 분야 학문과 교육학의 최신 동향과 연구 성과에 민감해야 합니다. 물론 교사가 전문 학자가 될 필요는 없습니다. 하지만 교사는 전문가로서의 소양을 계속해서 갱신해야 합니다. 이는 마치 의학자와 임상의의 관계와 같습니다. 의사가 환자 치료하랴, 새로운 의학 이론 연구하랴 할 여유는 없습니다. 하지만 의사는 의학의 새로운 연구 성과를 흡수하여 환자를 치료하는 데 활용할 수 있어야 합니다. 교사도 마찬가지입니다. 사회교사가 사회학자일 필요는 없지만, 사회학의 새로운 성과를 흡수하여 학생들을 가르칠 수 있어야 하는 것입니다.

이 정도 수준은 되어야 교과서나 교육과정에 갇히지 않고 도리어 더 넓은 시야에서 교과서나 교육과정을 비판적으로 검토할 수 있게 되며, 상황에 따라 재구성할 수 있게 됩니다. 교과서는 하나의 지침이자 방향타이지 교사가 알아야 하고 가르쳐야 할 내용의 전부가 아니니까요. 그런데 대부분의 교과서는 그 분야에서 가장 유능하다고 알려진 교사들이 제작합니다. 따라서 자기 분야의 학문적 역량을 꾸준히 갱신하지 않는 교사는 진화하는 교과서 수준을 따라다니기에도 급급한 처지로 전락하고 말 것입니다.

교사는 신체도 건강해야 합니다. 교사는 인생 중 가장 활발한 시기를 살아가는 사람과 상호작용합니다. 이 시기 학생들은 결코 정적이지 않으며, 그 상호작용은 상당한 신체 활동을 요구합니다. 정적인 교사, 정적인 수업은 제아무리 흥미로운 내용을 담고 있더라도 학생들에게 전혀 호소력을 가지지 못합니다. 그러므로 교사는 활발한 신체 활동을 포함한 상호작용에 준비가 되어 있어야 하며, 학생들 앞에서 활기 있는 모습을 보여 주어야 합니다. 이를 위해서는 강인한 체력이 요구됩니다. 몸이 아프면 스트레스와 짜증이 누적되며, 이런 상태에서는 결코 활발하고 긍정적인 상호작용을 기대하기 어렵습니다.

이쯤 되면 흔히 알려진 교사의 '여유시간'이 거의 대부분 사라져 버린다는 느낌을 받을 것입니다. 교사는 퇴근 후의 시간도 결국 수업을 위해 할애해야 합니다. 연구에 몰두해야 하며, 또 신체 단련을 위해서도 시간을 할애해야 합니다.

그래도 방학이 있지 않느냐 반문할지 모릅니다. 하지만 다른 직종 종사자들의 부러움을 사고 있는 방학은 거의 전적으로 자신의 학문적 성장을 위해 할애해야 합니다. 여행도 단지 놀이가 아닙니다. 학부모들에게 반문해 보십시오. 풍부한 해외 경험과 견문을 가진 교사와 한반도라는 좁은 시야에 갇힌 교사, 누구에게 아이를 맡기고 싶냐고. 그러니만큼 교사는 방학이라는 기간 동안 해외로 견문을 넓히러 나갈 수 있는 기회를 당당하게 활용해야 합니다. 하지만 그것이 단순한 관광이 되지 않도록 충분히 준비하고 배움의 자세를 가지고 나가야 합니다.

이런 등등을 따져 보면 교사에게는 사실상 남는 시간이 거의 없습니다. 교사는 노동력을 유지하고 발전시키는 데 필요한 시간과 자원이 다른 직종에 비해 많기 때문에 직접 노동하는 시간이 상대적으로 적을 뿐입니다.

배움 없는 가르침은 상상할 수 없습니다

교사에게 요구되는 성실함은 일반적인 노동자에게 요구되는 것과는 다릅니다. 대부분의 노동자는 근무시간이 끝나고 작업장을 떠나면 업무가 종료됩니다. 나머지 시간은 휴식을 통해 피곤해진 심신을 재충전(경제 용어로는 노동력 재생산)하면 됩니다. 하지만 교사는 사대, 교대에서 배운 것들이 몇 년 안에 낡은 지식으로 전락하는 상황 속에서 일해야 합니다. 아이들은 시시때때로 달라지며, 가르침의 상황은 하루에도 수없이 많은 돌발 상황을 마주합니다. 당연히 교사가 미리 준비했던 것들은 엉망이 되고 수업은 망치기 십상입니다. 이런 수많은 다양성, 변화, 돌발 상황 속에서 교사는 배워야 합니다. 프레이리(Paulo Freire)가 말했듯이 배움이 없는 가르침은 상상할 수 없습니다.

따라서 교사의 노동은 가르치는 일뿐 아니라 배우는 일도 포함됩니다. 이 배움은 삶의 순간, 교육의 순간에 발생하는 수많은 문제를 해결하기 위해 고민하고 탐구하는 것을 말하지 일방적으로 던져지는 연수 따위를 말하는 것이 아닙니다. 연수는 교사들에게 되도록 빨리 전달될 필요가 있는 긴급한 경우에나 효과가 있을 뿐, 대부분의 경우는 교사의 배움을 방해하는 소모적인 행위입니다. 교사의 배움은 교사들 간의, 교사와 학생 간의, 그리고 무엇보다도 교사 스스로의 자율적인 행위라야 합니다.

따라서 교사의 노동시간에는 가르치는 시간뿐 아니라 배움의 시간도, 그리고 그 배움을 숙성시키는 시간도 포함됩니다. 교사의 노동시간은 겉보기에는 일반적인 노동자들의 2/3에도 미치지 않는 것으로 보입니다. 하지만 나머지 1/3은 드러내고 일하는 시간이 아니라 배움의 시간입니다. 교사는 공식적인 노동시간이 아닌 시간을 노동력의 회복, 즉 재생산이 아니라 노동력의 확장, 즉 성장에 투자해야 하는 존재입니다.

물론 교사가 남는 시간을 앞에서 강조한 방식으로 알차게 사용하지 않는다고 해서 공식적인 제재를 받지는 않습니다. 그것은 교사가 '전문직'이기 때문입니다. 따라서 교사는 여타의 전문직과 마찬가지로 기본적으로 '알아서 잘할 것'이라는 신뢰에 기반한 노무관리를 받습니다. 출퇴근부도 없으며, 업무 결과에 대한 세분화된 보고도 없습니다. 또 공립학교 교사는 공무원의 신분이지만 국민장이 치러지든, 을지훈련이 실시되든 동원되지 않습니다. 심지어 다른 전문직들이 받는 '성과 평가', 대학 교수들이 2년마다 제출해야 하는 '연구 실적 평가'조차 받지 않습니다.

하지만 이것이 교사는 마냥 게을러도 된다는 것을 의미하지는 않습니다. 실제로 이를 남용하여 비는 시간을 그야말로 삶이 텅 빈 시간으로 만들어 버리는 교사들도 있기는 합니다. 하지만 이들 게으른 교사들에 대한 징계는 교육부나 교육청이 내리지 않습니다. 그 징계는 바로 학생들이 내립니다. 교과서 범위를 벗어나지 못하는 지식 수준, 그나마도 학생들의 언어로 해석하지 못하고 지루한 책 읽기로 일관하는 교사, 늘 똑같은 강의로 일관하는 교사에 대한 학생들의 반응은 무기력·수동성·냉소·무관심·증오입니다. 한두 사람에게 부정적인 반응을 받아도 상처받는 것이 사람인데, 하루에 수십, 수백 명으로부터 이런 식의 부정적인 반응을 날이면 날마다 받고서도 멀쩡할 수 있는 사람은 그리 많지 않습니다. 이걸 견딜 수 있다면 게을러도 상관은 없겠습니다만.

이제 여러분들은 교사가 다른 직종 종사자들보다 여유시간,

즉 '일하지 않는' 시간이 더 많을 것이라는 기대는 접어 두셔야 합니다. 이는 유명한 투수가 일주일에 두 시간만 일하면서 몇 억에서 몇 십억의 연봉을 챙긴다고 생각하는 것과 같은 어리석은 착각입니다. 공 한 번 던지는 데 20만 원이니 100만 원이니 하는 식의 계산은 그 공 하나를 던지기 위해 평소에 얼마나 많은 훈련과 체력 관리를 해야 하는지 모르고서 하는 소리입니다. 마찬가지로 공식적인 수업시간만이 교사가 일하는 시간은 절대 아닙니다. 경기시간 외의 훈련과 연습이 선수의 중요한 일이듯이 수업시간 외의 연구와 학습은 교사의 중요한 일입니다. 명선수와 평범한 선수의 차이는 시즌 중이 아니라 시즌오프를 보아야 알수 있듯, 훌륭한 교사와 그렇지 않은 교사의 차이는 수업시간보다 이른바 '비는 시간' 혹은 방학을 보아야 알 수 있을 것입니다.

네 번째
편지

"아이들을 사랑하는 마음은 부모와

교사의 공통분모라 할 수 있지만, 교

사의 사랑은 지식에 기반을 둔 사랑이라는 점에서 부

모와 구별됩니다. 교사의 사랑은 무조건적인 것이 아

니라 지식과 규범에 근거한 것입니다. 교사의 사랑은

말하자면 지적인 사랑이며 전문적인 사랑입니다."

'아이들'을
사랑해서는 안 됩니다

아이들이 좋아서 교직을 선택한 젊은이들이 많을 텐데, 아이들을 사랑하지 말자니요? '아이들'. 얼른 들으면 무척 아름답고 감동적인 단어입니다. 이 말을 들으면 박봉과 고달픈 업무에도 '아이들'을 아끼고 사랑하는 마음으로, 그리고 '아이들'의 해맑은 눈과 웃음만을 유일한 보상으로 삼아 '아이들'을 알뜰살뜰하게 보살피는 선생님상이 저절로 그려집니다. 요즘 젊은이들에게서는 많이 줄었지만 20년 전만 해도 이런 이유 때문에 교사가 되고자 하는 젊은이들이 제법 많았습니다. 하지만 제아무리 아름다워 보일지라도 불행히도 이것은 우상이며 잘못된 믿음입니다.

프레이리는 이러한 관점을 '보육자적 관점' 혹은 '보모적 교사관'이라고 부르면서 경계했습니다. 프레이리 같은 위대한 교육 사상가이자 실천가가 왜 '아이들을 사랑으로 돌보자'는 이 아름다운 생각을 오히려 경계했을까요?

그것은 바로 이 '아이들'이 교사의 지식인으로서의 책무를 방기하게 만들고, 교사의 지식인으로서의 권위를 깎아내릴 수도 있기 때문입니다. 교사는 '지식인'입니다. 여기서 지식인이라 함은 가방끈이 길다, 그런 의미가 아니라 단순한 숙련이나 요령이 아닌 엄정한 방법과 이론을 바탕으로 실천하는 사람이란 뜻입니다.

사실 '사랑으로' 아이들을 보살피는 일은 교사가 아니라 '착한 어른'이면 누구나 할 수 있는 일입니다. 심지어 교사가 꼭 더 잘한다고 볼 수도 없는 일입니다. 부모보다 아이들을 더 잘 사랑할 수 있는 사람이 어디 있겠습니까? 단지 사랑이 목적이라면 왜 굳이 부모의 품에서 아이들을 떼어 내어 학교라는 공간까지 끌고 와서 교사 앞에 앉혔을까요? 그것은 부모에게서는 기대하기 어려운 어떤 특수한 책무와 능력을 교사에게 기대하고 있기 때문입니다. 그런데 교사가 고작 한다는 것이 사랑으로 아이들을 보살피고 예뻐해 주는 일이라면 낭비도 이만저만한 낭비가 아닙니다.

교사는 근대 공교육 제도와 함께 형성된 직업적 교육자, 즉 전문 교육자입니다. 이러한 전문 교육자를 양성하는 데 들어가는 비용은 시대가 갈수록 점점 늘어나고 있습니다. 또한 교사는 의사와 함께 공식적으로 학력의 하한선을 두고 있는 유일한 직업입니다. 이러한 점들을 감안한다면 교사의 가장 중요한 자질은 '아이들에 대한 사랑'이 아니라 아이들에 대한 사랑이 그 결실을 맺도록 실제적인 방법을 고안해 낼 수 있는 '전문 능력'입니다. 이 능력을 갖추기 위해(비록 본래의 목적을 달성했다고 보기는 어렵지만) 대학의 교직과정이 존재하고, 교원양성기관이 존재하는 것입니다. 그래서 교사를 인격이 훌륭하고 선량하고 사랑 많은 시민에게 맡기는 것이 아니라 오직 교원양성기관 졸업자 중에서 치열한 선발 과정을 거쳐 충원하는 것입니다.

전문적 사랑

요컨대 교사는 아이들을 '전문적'으로 사랑할 수 있는 사람입니다. 그렇다면 이 '전문적 사랑'이라는 게 무엇을 의미할까요? 그것은 아이들이 '원하는 것'과 아이들에게 '필요한 것' 사이에서 균형을 찾는 능력이며, 장기적으로 아이들이 '필요한 것'을 '원하도록' 이끌어 주는 능력을 의미합니다. 많은 교사들이 바로 이 지점에서 침몰하고 마는데, 이는 이 중 어느 한 측면만 강조하기 때문입니다. 어느 한쪽에 치우치면 그것은 전문적 사랑이 아닙니다.

아이들은 마냥 자기가 원하는 대로 자랄 수 없고, 그래서도 안 됩니다. 아이들은 장차 '삶'이라는 이름으로 분투해야 할 세계, 즉 사회에서 쓸모 있는 인간으로 자라야 합니다. 이러한 준비를 갖추지 못하고 그저 원하는 대로 다 들어준 커다란 응석받이를 세상에 내던지는 것은 어떤 의미에서 살인과도 같은 행위입니다.

문제는 어른들이 이 '필요한 것'을 자신의 고정관념, 자신의 경험 속에서 찾는 경우가 많다는 것입니다. 즉 아이들에게 필요한 것이 아니라 자기 생각에 필요하다고 믿는 것을 아이들에게 강요합니다. 그러고는 이 모든 게 다 '너 잘되라고' 시키는 것이라고 말합니다. 하지만 어른들이 아무리 미래의 삶을 이야기하고 '싫더라도 필요한 것을 하라'고 강요해도 그것이 아이들의 삶과 경험에서 우러나지 않은 경우에는 다만 외부의 강제, 억압에 불과합니다. 아이들이 그것을 자기 것이라고 느끼지 않는 한 아이들은 시늉만 할 뿐, 절대 그것을 제대로 하지 않습니다. 설사 한다 할지라도 필요하다고 느껴서가 아니라 강압에 굴복해서 하는 것에 불과합니다. 이것은 아이를 사랑하는 것이 아니라 괴롭히는 것입니다.

특히 교사는 이런 상황에 날마다 처하게 됩니다. 세상을 살아가기 위해 필요한 것들은 어느 것이나 처음부터 즐겁지는 않습니다. 좋은 약은 입에 쓰다 하지 않습니까? 그래서 교사는 아이들에게 '필요한 것'을 어느 정도 강제할 수밖에 없으며, 이 과정에서 아이들이 '원하는 것'과 어느 정도 충돌할 수밖에 없습니다. 이때 많은 젊은 교사들은 자신의 배려를 몰라 주는 아이들에게 실망하면서 환멸을 느끼거나 냉담자가 되어 버리고 맙니다. 그리고 아이들에 대한 실망감을 토로하면서 자신을 갉아먹습니다.

참으로 안타깝고 어처구니없는 결과입니다. 하지만 그 책임은 오롯이 교사에게 있습니다. 일방적으로 사랑하고, 그 사랑의 내용을 일방적으로 결정하고, 사랑의 이름으로 엄격한 강압을 일방적으로 부과하고, 갈등이 일어나자 일방적으로 사랑을 철회한 것입니다. 이것을 남녀 관계에 비유해 봅시다. 이것은 사랑이겠습니까 아니면 스토킹이겠습니까?

요리사의 예를 들어 봅시다. 사실 맛있고 훌륭한 요리의 기준은 어느 정도 정해져 있습니다. 그러니까 특급 셰프가 있는 것이겠죠. 하지만 어떤 요리를 제공할 것인가는 셰프가 일방적으로 결정할 수 있는 일이 아닙니다. 예컨대 크림소스 스파게티는 이탈리아 요리의 수치라고 생각하는 셰프라 할지라도 손님이 그것을 주문했다면 일단 그 범위 안에서 솜씨를 뽐내야 합니다. 셰프가 손님의 메뉴를 교정해 줄 권리는 없습니다. 심지어 '맛도 모르는 사람에게는 요리해 주지 않겠다'며 봉사를 철회할 권리는 없습니다.

하지만 그 반대의 편향, 즉 학생의 요구를 절대화하는 것 역시 위험합니다. 이것은 진보적 성향의 교사들, 혹은 루소의『에밀』을 잘못 읽은 교사들이 자주 저지르는 오류입니다. 선량한 교사들은 처음 교실에 들어선 순간 아이들의 모습에 감동을 받습니다. 실제 아이들의 모습은 참으로 아름답습니다. 그들은 각박한 세상에 피어난 꽃들이며, 아직 소멸되지 않은 꿈들이며, 그 어떤 찬사와 미사여구를 다 사용해도 모자랄 천사 같은 존재입니다. 그래서 원래 교직에 뜻이 없고, 다만 사범대학을 졸업하기 위해 교생실습을 나왔다가 교사가 되기로 마음을 고쳐먹는 경우가 적지 않게 나타나는 것입니다.

하지만 절대로 명심해야 하는 것은 아이들은 천사가 아니라 사람이라는 종에 속해 있다는 것입니다. 사람은 지구상에서 가장 긴 성장기를 가진 생명체입니다. 자연적인 성숙에만도 10년 이상이 걸리는데, 문화적·사회적 성숙까지 하려면 그보다 더 많은 시간이 걸립니다. 미드(George Herbert Mead)의 용어를 빌리면 생물학적 연령으로 어른이 되었음에도 불구하고 자신을 완전히 상대화하여 '일반화된 타자' 입장에서 생각할 수 있는 능력에 이르지 못한 사람이 많을 정도입니다. 그래서 아이들은 교사의 깊은 뜻과 호의를 분명히 알고 있으며 좋아하고 고맙게 여기기는 하지만, 그렇다고 해서 자신의 생각과 행동을 돌아본 뒤 교사가 원하는 바가 무엇인지 이해하고 여기에 자신의 행동을 맞추어 나가는 식으로 보답하지는 않습니다. 고마운 것은 고마운 것이고 충동은 충동입니다. 고마움과 친근함을 표시하기는 하겠지만, 그게 전부입니다. 아이들은 수업시간을 무질서하게 만들 것이며 공부하지 말고 놀자고 떼쓸 겁니다. 마침내 교사가 참다못해 '난 너희들이 하자는 대로 다 들어주었어. 왜 너희는 내 마음을 몰라 주니?' 하며 화를 버럭 내고 눈물을 흘리는 지경까지도 이를 수 있습니다. 이런 경험이 몇 번 반복되면 젊은 교사가 냉담자가 되는 것은 시간문제입니다.

또다시 요리에 비유하자면 이 경우는 셰프가 '고객은 왕이다'라는 말을 너무 신봉한 나머지 메뉴 결정뿐 아니라 레시피와 테이블 매너까지 손님에게 맡겨 버린 경우입니다. 이렇게 되면 레스토랑의 존재 가치는 사라지게 됩니다. 마찬가지로 학생이 원하는 것을 절대화하게 되면 학교의, 교사의 존재 가치도 사라지는 것입니다. 이런 점에서 '학생 중심 교육'을 구호처럼 외치는 일부 진보교육감의 행태는 진보도 모르고 교육도 모르는 행태라 할 수 있습니다.

'아이들'을 사랑하는 데 필요한 세 가지 지식

여러분이 처음 학교에 가서 만나게 될 선배 교사들의 모습은 상당히 냉담하거나 무기력하거나 냉소적일 가능성이 큽니다. 여기에 너무 놀라거나 실망하지 마십시오. 그분들 역시 젊은 시절에는 아이들을 사랑하고자 하는 의욕에 가득 차 있었습니다. 심지어 그중에는 아이들을 사랑하는 마음이 너무도 커서 아이들을 괴롭히는 학교 현실에 맞서 싸우다가 해직과 복직을 반복하신 분들도 있습니다. 그 사랑, 그 정열은 모두 어디로 갔을까요? 심지어 그런 분들일수록 배신감, 상처, 환멸만 남아 있는 것처럼 보이기까지 하니 말입니다. '아이들'이 그토록 사악하단 말입니까? 아닙니다. 그분들의 상처는 '아이들을 아이들로서' 사랑하는 법을 몰랐기 때문에 입은 것들입니다.

아이들을 사랑하는 마음은 부모와 교사의 공통분모라 할 수 있지만, 교사의 사랑은 지식에 기반을 둔 사랑이라는 점에서 부모와 구별됩니다. 교사의 사랑은 무조건적인 것이 아니라 지식과 규범에 근거한 것입니다. 교사의 사랑은 말하자면 지적인 사랑이며 전문적인 사랑입니다. 이 지식에는 크게 세 가지가 포함됩니다.

① 아이들에 대한 지식
② 아이들의 필요에 대한 지식
③ 아이들을 필요한 것으로 이끄는 방법에 대한 지식

이 중 첫 번째 지식을 통해 우리는 아이들이 원하는 것이 무엇인지, 그리고 우리가 주는 것을 아이들은 어떤 식으로 받아들이는지 알 수 있게 됩니다. 두 번째 지식은 발달심리학과 사회학, 그리고 윤리학이라는 도구를 활용하는 것입니다. 이를 통해 아이들이 지금 단계에서 배워야 하는 것이 무엇인지를 깨닫게 해줍니다. 원하는 것과 필요한 것을 명확히 알게 되면, 아이들은 둘 사이의 현실적인 차이가 어떻게 나타나고 있는지 알게 되며, 따라서 이 차이를 좁히기 위한 구체적인 방법, 즉 세 번째 지식이 그 쓰임새를 찾게 되는 것입니다.

그런데 많은 교원양성기관이나 연수기관에서는 첫 번째와 두 번째 지식은 도외시한 채 세 번째 종류의 지식만 강조하는 경향이 있습니다. 그리고 교사들 역시 당장 써먹을 수 있는 것을 찾으려는 조급함 때문에 첫 번째, 두 번째 지식에 대한 끈질긴 탐구를 생략한 채 각종 수업 방법론만 터득하려는 경향을 보이곤 합니다. 이는 마치 어디로 가야 할지, 어떤 길을 달려야 할지 알지 못하는 상태에서 자동차 운전 기술만 익히는 것과 같습니다. 부지런한 교사일수록, 아이들을 사랑하는 교사일수록 더욱 맹렬히 방법을 익히기 마련이니 그럴수록 상처가 더 커지는 것은 당연한 귀결입니다.

다섯 번째 편지

"교사들이 가장 무능하고 부도덕했던 시절은 지금이 아니라 1990년대 이전이었습니다. 그런데 한창 촌지가 극성을 부리던 시절에는 '박봉의 교사'라며 측은히 보다가 촌지도 사라지고, 상위 5퍼센트의 엘리트들로 교사들이 충원되고 있는 지금 오히려 교사가 무능하다, 부도덕하다고 삿대질하는 까닭은 무엇일까요? 교사의 처우가 1990년대 이전보다 특별히 좋아진 것도 없는데 말입니다. 문제는 무능과 부도덕이 아니라 교사가 더 이상 박봉이 아니라는 데 있습니다."

교사가
박봉이라고요?

부끄러운 이야기입니다만 20세기, 특히 1970~1980년대에는 '박봉'이라는 말이 많은 교사들의 게으름을 합리화하는 면벌부로 사용되었습니다. 이는 꽤 오랜 시간 동안 교사들이 국민의 동정과 온정적인 대우를 끌어낸 주된 자원이기도 하였습니다. '박봉에 시달리는', 이 한마디면 웬만한 잘못은 눈감아 주게 되었고, 마땅히 해야 할 일을 하는 것만으로도 훌륭한 교사라는 소리를 들을 수 있었습니다.

하지만 이제는 상황이 달라졌습니다. 1997년까지는 '박봉에도 불구하고 묵묵히 아이들을 가르치는……'이라는 담론이 성립 가능했습니다. 사실 저는 그때까지도 정말 교사가 박봉인지 의심하는 입장이었습니다만. 하지만 현재 교사의 보수 수준은 넉넉하다고는 할 수 없어도 결코 박봉이라고 할 수 없습니다. 교사는 지금 보험사에서, 은행에서, 여행사에서, 자동차 판매사에서 가장 집중적으로 공략하는 잠재 고객층입니다. 치과에 가서 진료를 해도 교사라는 것이 밝혀지면 갑자기 아말감 보철은 선택지에서 사라지고 지르코니아와 금 중에서 선택하도록 유도됩니다. 시장은 정직하고 냉정합니다. 교사가 정말 박봉이라면 이런 대접을 받지 않겠죠. 물론 현실적인 요즘 젊은이들은 이미 이 정도는 다 알고 교직을 선택했겠죠.

그럼 실제 수치로 확인해 볼까요?

1996년 당시 우리나라 1인당 GDP는 약 12,000달러였습니다. 당시 환율로 환산하면 1,200만 원이라고 보면 되겠습니다. 그리고 그 무렵 경력 5년차였던 제가 받은 연봉은 1,600만 원 정도였습니다. 5년차 교사가 1인당 평균소득의 1.3배를 벌었다는 뜻입니다. 그럼 10년 뒤인 2006년에는 어떻게 되었을까요? 당시 경력 5년차 교사의 연봉은 평균소득의 1.5배에 이르렀습니다. 교사들이 이 정도로 고소득을 올리는 나라는 전 세계적으로도 매우 드물다는 사실을 알아 둡시다.

문제는 교사가 박봉이라는 데 있지 않습니다. 오히려 아직도 남아 있는 박봉의 논리가 문제입니다. 이는 교사사회 내부에서 또 외부에서 작동하는 기괴한 메커니즘입니다. 교사들의 내면에는 뿌리 깊은 박봉 콤플렉스가 도사리고 있습니다. 여러분이 처음 교사가 되면 가장 놀랄 일 중 하나가 바로 선배 교사들이 가지고 있는 기묘한 피해의식, 그리고 끝도 없는 불만일 것입니다. 자신을 선택받고 승리한 5퍼센트라고 생각할 젊은 교사들에게는 정말 남사스럽고 혐오스러운 모습일 것입니다. 무엇보다도 월급날만 되면 사방에서 터지는 월급 타박은 듣기가 민망할 정도입니다. 물론 한국인의 3/4이 자신이 하는 일에 비해 봉급이 너무 적다는 불만을 가지고 있다지만, 교사들의 월급 불만은 정말 그냥 들어 넘기기가 어려울 정도입니다.

더욱 흥미로운 사실은 월급 불평이 많은 교사일수록 정작 다른 직장의 임금이나 근로조건을 잘 모르고 있다는 것입니다. 이들은 주로 고령층 교사들인데, 교사가 비교적 박봉이던 시절에 교직에 입직해서 '교사=박봉'이라는 인식이 아주 내면화되어 버린 사람들입니다. 더구나 이들은 자신의 연봉은 항상 실수령액(세금과 연금 기여금이 공제된 액수)을 기준으로 보고, 다른 직종의 연봉은 세전 소득으로 보는 나쁜 버릇을 가지고 있습니다. 이거야 그저 나이 먹은 교사들의 잘못 형성된 습관이려니 하면 됩니다. 더 위험한 것은 사회적으로 형성된 '박봉의 교사' 우상입니다.

박봉의 교사, 중산층의 자존심이 만든 담론

사실 역사적으로 뒤져 보아도 교사가 박봉이었던 적은 없습니다. 그런데 왜 이런 생각이 특히 1970년대에 널리 퍼졌을까요? 그것은 교사를 존경하고 어려워했던 어린 시절을 거친 이들에게 교사와의 상대 비교가 자신의 성공을 가늠하는 기준이 되었기 때문입니다. 선생님을 '박봉'이라고 측은하게 여길 수 있을 때 비로소 자신의 위치가, 자신의 성공이 실감 나는 것이며 살맛 나는 것입니다. 그래서 1970~1980년대 중산층들에게 '박봉의 노동자', '박봉의 공무원'이라는 담론은 별로 유포되지 않았고, '박봉의 교사'라는 말만 애처로운 어조를 띤 채 널리 공유되었던 것입니다.

생각해 보십시오. 내 아래에 노동자, 공무원이 있는 것과 교사가 있는 것을. 후자가 훨씬 더 어깨를 으쓱거리게 하지 않습니까? 교사는 중산층과 중하층을 가르는 아주 중요한 척도였던 것입니다. 〈검사와 여선생〉(1948)이라는 영화도, 검사가 된 제자가 이제는 저 위에서 한때 자신의 선생님이었던 여성을 구해 줌으로써 자신의 성공을 만끽하는 이야기라고 삐딱하게 읽어 볼 수 있습니다. 그러니 박봉의 교사 우상은 중산층의 허위의식과 교사들의 피해의식이 결합되어 만든 괴담에 불과합니다.

그러다가 1997년 이후 상황이 바뀌었습니다. 2000년대 들어서 교사는 더 이상 중산층과 중하층의 기준이 아니게 되었습니다. 오히려 교사는 중산층과 상류층의 경계에 서 있습니다. 이건 우리나라의 수많은 '나도야 중산층'들에게 큰 타격이 되었습니다. 한때 중산층은 아무리 자기들 처지가 딱해도 '그래도 선생들보다야 낫지' 이 마음 하나로 버텨 왔습니다. 교사의 박봉은 중산층의 자존심을 지켜 주는 마지노선이었던 것입니다. 그러나 이제 교사는 저 위로 올라가 버렸습니다. 여전히 교사를 '중하층'으로 간주하는 것이 습관이 되어 버린 어제의 중산층들에게 교사의 위치가 올라가 버린 지금의 상황은 자신들의 몰락에 대한 확인 사살과도 같습니다. 그리하여 이들에게 교사에 대한 질투와 증오심이 빠르게 쌓여 갑니다.

이때부터 '박봉의 교사'라는 우상은 동정이 아니라 하나의 규범적 성격을 띠게 됩니다. 즉 교사는 마땅히 박봉이라야 하며, 박봉이 아니라면 훨씬 더 유능해지든가 아니면 일이라도 더 많이 해야 한다는 주장이 그것입니다. 교사에게 박봉이 되라고 요구하기는 어려우니, 교사가 보수에 비해 너무 무능하고 비도덕적이고 게으르다는 비난을 퍼부어 대는 것입니다.

물론 교사들이 받는 것에 비해 산출이 초라하다는 지적은 타당한 면이 있습니다. 하지만 교사가 무능하고 부도덕한 것은 어제오늘 일이 아닙니다. 사실 교사들이 가장 무능하고 부도덕했던 시절은 지금이 아니라 1990년대 이전이었습니다. 그런데 한창 촌지가 극성을 부리던 시절에는 '박봉의 교사'라며 측은히 보다가 촌지도 사라지고 상위 5퍼센트의 엘리트들로 교사들이 충원되고 있는 지금, 오히려 교사가 무능하고 부도덕하다고 삿대질하는 까닭은 무엇일까요? 교사의 처우가 1990년대 이전보다 특별히 좋아진 것도 없는데 말입니다. 문제는 무능과 부도덕이 아니라 교사가 더 이상 박봉이 아니라는 데 있습니다.

그런데 여기에 일부 교사들까지 동조하고 있습니다. 그들은 박봉이라며 나도야 중산층들에게 심리적 우월감을 제공한 대가로 마음껏 나태해도 되었던 과거를 그리워하기까지 합니다. 그래서 그들은 봉급이 얼마가 되었든 간에 무조건 박봉이라고 우기며, 또 박봉이라고 믿고 싶어 합니다. 한심한 것은 교육운동을 한다는 많은 전교조 교사들도 이 박봉의 우상에 관한 한 낡은 교사들과 한편이 된다는 것입니다. 반면 많은 '어제의 중산층'들은 교사가 다시 박봉이 되기를, 그게 어렵다면 고용조건, 근로조건이라도 나빠져서 그들과 비슷하거나 더 열악해지기를, 그럼으로써 자신을 드높이고 위로할 수 있기를 바랍니다. 그래서 항상 교사에 대한 나쁜 여론은 교사들의 전문성을 높여라 쪽보다는 철밥통을 깨어라 쪽으로 흘러가는 겁니다.

저평가하지도 고평가하지도 말 것

그런데 잠깐 생각해 봅시다. 의사, 회계사, 변호사, 또 교사의 유사 업종인 교수들의 봉급이나 대우에 대해 중산층들이 저런 격렬한 반응과 적대감을 보인 적 있나요? 왜 여타 전문직에 비하면 형편없는 대우를 받고 있는 교사들에게만 유독 저런 반응을 보이는 것일까요? 그것은 불행히도 그들이 의사, 변호사의 일과 달리 교사의 일은 특별하지 않은 것으로, 즉 기회만 준다면 자신들도 얼마든지 할 수 있는 일로 여기기 때문이며, '나도야 중산층'보다 더 아래에 위치해야만 하는 그런 직종으로 여기기 때문입니다.

치과 의사를 예로 들어 봅시다. 우리 동네에 아주 번창하는 치과 의원이 있습니다. 시쳇말로 송파구 돈을 다 쓸어 담는다고 해도 될 정도로 잘나가는 치과 의원입니다. 그 의사는 30대 후반이지만 아마 엄청난 재산을 모았을 것입니다. 많은 사람들이 그 사람의 재산을 부러워할 것입니다. 하지만 '이 일 네가 좀 해 볼래?' 하고 석션이나 드릴을 건네준다면 모두 고개를 설레설레 흔들고 물러설 것입니다. 아무리 돈을 많이 받는다 해도 남의 입 속에 고개를 들이대고서 바늘구멍 같은 치근관을 쑤시는 일을 하루 종일 하고 싶지는 않을 것이고, 또 자신이 할 수 있다고 여기지도 않을 것입니다.

반면 많은 사람들은 교사의 일을 '그까짓 애들 가르치는 일 따위'로 여깁니다. 그래서 그들은 교사를 시기합니다. 나도 얼마든지 할 수 있는 일 따위를 하면서 왜 그렇게 많은 보상을 받느냐는 것입니다. 교사는 통계청에 따르면 전문직으로 분류되지만 사회 통념상으로는 그렇지 않은 것입니다. 심지어 교사 스스로도 그렇게 생각하지 않는 경우가 많습니다. 자신들을 기껏 중하위직 공무원이나 사무직 정도로 여기고 있습니다. 이게 바로 교사보다 월급도 더 많고 방학도 더 길며 수업 시수는 절반밖에 안 되는 교수들이 맞을 매와 욕을 교사가 홀로 맞고 듣는 이유입니다. 그리고 유감스럽게도 그 책임의 상당 부분은 교사 자신에게 있습니다.

이제 여러분은 박봉의 '박' 자도 꺼내지 마십시오. 오히려 여러분이 매우 좋은 대우를 받고 있음을 기꺼이 인정하십시오. 그 대신 교사가 그 정도 대우를 받을 만하며 사실은 그보다 더 좋은 대우를 받을 자격이 있다고 당당하게 주장하십시오. 솔직히 우리나라 초중등학교의 성취는 세계적인 반면 대학교의 성취는 거기에 한참 미치지 못합니다. 그러니 교사들은 교수들만큼의 대우를 받을 자격이 충분한 셈입니다. 그러면서 그 말이 부끄럽지 않도록 전문직다운 모습으로 일하면 되는 것입니다. 또한 교직 단체에서도 그런 전문직다운 모습으로 일을 잘 조직하여 사회적으로 퍼뜨리고 기여하면 되는 것입니다.

교사가 보육자에다가 잔소리꾼, 그리고 교과서 앵무새로 머무른다면 당연히 이런 대우를 받을 자격이 없을 것입니다. 반면 교사가 헌신적인 보호사, 창의적이면서 성실한 연구자, 그리고 존경받고 사랑받는 교육자가 된다면 이 정도는 대우라고 할 수도 없는 것임을 명심하십시오.

여러분이 이런 교사가 되고, 또 다른 교사들이 그런 여러분을 보고 부끄러움을 느껴 이렇게 되려고 노력한다면 저 지긋지긋한 '박봉의 우상'은 사라지게 될 것입니다.

여섯 번째 편지

"교사는 학생들에게 미칠 영향과 위험을 우려하여 쩨쩨해 보일 정도로 조심스러운 선택을 하는 것이지, 다른 이유(동료들의 비난, 행정적인 규제, 교장의 압력, 관행이나 관례) 때문에 그렇게 하는 것이 아닙니다. 교사는 오직 교육적 결과라는 잣대에 의거하여 쩨쩨하게 좌고우면해야 하는 것입니다. 하지만 확신이 섰다면, 그리고 그것이 교육적으로 마땅한 것이라고 결정되었다면 대담해지기를 두려워해서는 안 됩니다. 교육이 여러분을 주저하게 만들고, 교육이 여러분을 대담하게 만들어야 합니다."

쫀쫀하고 쩨쩨한
선생

　　　　　　　　　　1990년대만 하더라도 교사가
되겠다고 희망하는 남학생은 거의 없었습니다. 지금도
여전히 그 시절의 공기를 마시고 있는 부모들 중에서는 딸에게
교사가 되라고 강요하다시피 하면서도 아들이 교사가 되겠다고
하면 주저하는 경우가 많습니다. 딸이 교육대학에 다닌다고 자
랑하던 어느 어머니는 혹시 딸이 남교사와 결혼하게 될까 걱정
이라고 어처구니없는 말을 하기도 했습니다. 소위 '남자가 쩨쩨
하게 선생이나 한다'라는 통념 때문입니다.

　그럼 도대체 이런 해괴한 이데올로기는 어디서 왜 생긴 것일
까요? 우선은 교사가 뭔가 확인 가능한 큰 실적을 올리고, 경우

에 따라 짜릿한 모험까지 감수해야 하는 직업은 결코 아니라는 사실에서 비롯되었을 것입니다. 그런 짜릿한 일이 좋은 사람은 문자 그대로 '벤처' 기업을 창업하거나 중소기업의 기획팀 등에서 일하면 됩니다. 그래서일까요? 교사는 흔히 야망과는 거리가 멀고, 안정되긴 하지만 지루하고, 활동의 폭도 집과 학교로 한정되고, 만나는 사람도 교사나 학생 들로 제한되어 세상 물정에 어두워지는 직업으로 여겨집니다. 그래서 쩨쩨하다는 소리를 듣게 된 것이죠. 이런 통념은 부분적으로 사실인 면도 있지만, 그렇지 않은 부분이 훨씬 더 많습니다. 그럼에도 이런 통념이 유포된 데는 사회적 편견뿐 아니라 교사들 자신의 책임도 상당히 있습니다. 즉 교사의 일 자체가 쩨쩨한 것이 아니라, 그동안 교사들이 쩨쩨하게 일해 왔기 때문에 이런 통념이 유포되었다고 볼 수 있습니다.

전두환이 쿠데타를 일으켰을 때 미국의 어느 외교관은 '한국인들은 쥐와 같다'라고 말했습니다. 한국인을 지도자에 따라 이리저리 몰려다니는 수동적인 겁쟁이들로 보았던 것입니다. 하지만 오늘날 어떤 미국인도 한국인을 이렇게 보지 않습니다. 그건 이후 5·18민주화운동과 6·10민주항쟁을 통해 자유에 대한 열망과 역동성, 그리고 용기를 보여 주었기 때문입니다. 이렇게 잘못된 통념은 행동을 통해 뜯어고칠 수 있습니다.

그러니 여러분은 '교사는 쩨쩨하다' 따위의 생각을 버리십시오. 교사는 아이들이나 상대하는 작은 세계에서 지루하지만 안정적인 생활을 누리며 쪼잔한 일이나 한다는 생각을 버리십시오. 만약 여러분이 이런 생각을 가지고 있고, 다수 교사들이 여전히 쩨쩨하게 산다면 교사에게 주어지는 높은 대우 역시 곧 삭감되어 '쩨쩨한 수준'이 되고 말 것입니다.

진화의 동력

교육사를 한 번만 훑어보아도 교사가 실제로는 웅혼한 일을 하는 이들임을 알 수 있습니다. 이런 점이 잘 보이지 않는 이유는 그동안 역사를 보는 관점이 잘못되었기 때문입니다. 우리는 정치와 전쟁을 중심으로 서술된 역사에 익숙해져 왔습니다. 우리는 위대한 정복자, 위대한 장군을 웅혼하다고 합니다. 물론 광개토대왕이나 알렉산드로스대왕 같은 인물들이 위대해 보이는 것은 사실입니다. 하지만 그들이 한 일은 창조보다는 파괴에 가깝다는 점도 명심해야 합니다. 실제 역사를 이끈 사람들은 이런 파괴자가 아니라 정복자들이 그런 일을 할 수 있을 정도로 그 터전을 갈고닦은 창조자들이지만 이들은 역사의 전면에 잘 드러나지 않습니다. 창조자들의 관념을 널리 보급하고 대를 이어 보편화하는 작업, 이것이야말로 인간이 빠르게 진화할 수 있었던 원동력입니다. 생물학적 진화에만 의존하는 동물이 수십 세대에 걸쳐야 하는 적응 과정을 인간은 문화를 통해 단 한두 세대만에 해치울 수 있습니다. 한두 사람의 창조적 존재만 있어도 이들의 업적은 문화로 보편화되고 세대를 거쳐 전수됩니다. 이 모든 과정은 인간이 '교육'할 수 있기 때문에 가능한 것입니다. 인간은 생각하는 동물일 뿐 아니라 교육하는 동물인 것입니다. 인류가 이렇게 지구상에서 번성할 수 있는 것은 용기·힘·투쟁 따위가 아니라 문화와 교육의 힘인 것입니다.

용맹과 무력만을 숭상하고 문화와 교육을 등한시한 민족이 얼마나 허무하게 스러져 갔는지 우리는 힉소스·히타이트·아시리아·흉노·몽골의 성쇠를 통해 충분히 알 수 있습니다. 반면 무력에 의해서는 정복당했지만 사실상 정복자를 정복한 그리스와 중국을 통해서도 문화와 교육의 위대함을 충분히 깨달을 수 있습니다. 이 위대한 일을 담당하는 사람, 즉 교육자, 교사들이야말로 어떤 의미에서는 인류 역사의 중추를 담당하는 웅혼한 존재들이라고 할 수 있습니다.

물론 교사들에게 쩨쩨하거나 쪼잔한 면이 있는 것은 사실입니다. 저도 좀 그렇습니다. 하지만 이것도 마냥 비난할 일은 아닙니다. 교사가 하는 일이 그만큼 중요하고 섬세하다는 의미이기 때문입니다. 교육의 영향은 사물이 아니라 사람에게 가해집니다. 교육은 함부로 객기를 부릴 수 있는 일이 아닙니다. 교육은 항상 신중한 판단과 정교한 선택에 직면해야 하는 일입니다.

저는 우리나라 교사들이 지나치게 쩨쩨하다는 것, 용기·대담성·창의성이 부족하다는 것을 인정합니다. 하지만 이 모든 것을 다 갖추기가 어렵다면 쩨쩨할지언정 신중하고 사려 깊은 편이 무모하고 대담한 편보다 더 바람직할 것입니다.

이것은 교육자뿐 아니라 심지어 장군들에게까지 적용됩니다. 용맹함과 신중함을 겸비하기가 어렵다면 용맹한 장수보다는 신중한 장수가 군대를 지휘하는 것이 더 좋습니다. 이순신 장군의 예를 보십시오. 그분은 결코 용맹한 장수가 아니었습니다. 이길 수 있다는 확신이 서지 않으면 출격하지 않았던 그의 모습은 '쩨쩨해' 보이기도 합니다. 조선 조정은 수군이 궤멸된 다음에야 그 쩨쩨함이 얼마나 소중한 것이었는지 깨달았습니다.

그러니 여러분은 쩨쩨함을 신중함, 사려 깊음, 그리고 섬세함과 꼼꼼함으로 받아들여야지 결코 비겁함, 우유부단함, 혹은 고리타분함으로 받아들여서는 안 됩니다. 교사는 학생들에게 미칠 영향과 위험을 우려하여 쩨쩨해 보일 정도로 조심스러운 선택을 하는 것이지, 다른 이유(동료들의 비난, 행정적인 규제, 교장의 압력, 관행이나 관례) 때문에 그렇게 하는 것이 아닙니다. 교사는 오직 교육적 결과라는 잣대에 의거하여 쩨쩨하게 좌고우면해야 하는 것입니다. 하지만 확신이 섰다면, 그리고 그것이 교육적으로 마땅한 것이라고 결정되었다면 대담해지기를 두려워해서는 안 됩니다. 교육이 여러분을 주저하게 만들고, 교육이 여러분을 대담하게 만들어야 합니다. 문제는 교육적으로 올바른 것이 무엇인가에 대한 명쾌한 답을 구하기가 어렵다는 점입니다. 교육에 대해서는 상충하는 여러 주장들이 대립하고 있는데, 이들은 모두 옳기도 하고 그르기도 합니다. 이 중 한 관점에 입각해서 대담하게 행동하는 것이 옳을 수도 있지만, 그럴 경우 다른 관점에 의해 신중해야 한다는 반대 주장도 가능한 것이 교육입니다.

그래서 교사는 용감해지기 전에 먼저 쩨쩨해져야 합니다. 학생들의 현 상태가 어떤지 쩨쩨하게 살펴보아야 하며, 여러분이 처한 교육적 환경, 여러분의 선택이 가져올 결과, 또 다른 대안의 가능성도 쩨쩨하게 살펴보아야 합니다. 그리고 다른 입장을 가진 교사들과도 쩨쩨하게 상의해야 합니다. 이런 과정을 거치다 보면 여러분의 입장이 처음과는 상당히 달라져 있음을 깨닫게 될 것입니다. 이렇게 도출된 최종 입장이 있다면, 이때가 여러분이 쩨쩨함을 그만두고 용기 있게 밀고 나가야 할 순간입니다.

사업가는 과감한 선택을 하지 않으면 엄청난 이익을 놓칠 수 있습니다. 물론 그 선택이 잘못되었다면 막대한 손실을 입을 수도 있습니다. 그래서 사업가는 기대되는 이익과 예상되는 리스크를 비교해 보고, 이익 쪽이 한 푼이라도 크면 용감하게 달려 나가야 합니다. 하지만 교사는 그래서는 안 됩니다. 이익이 손실보다 큰 것만으로는 안 됩니다. 이익은 크지 않더라도 손실이 없는 쪽이 교사가 선택해야 할 방향입니다.

교육에는 공리주의가 적용되지 않습니다. 교사는 학생들의 총효용 입장에서 선택하는 것이 아니라 가장 불리한 학생 입장에서 선택해야 하는 것입니다. 사업가에게 안 팔리는 상품은 버려야 할 대상이지만, 교사에게 가장 불리한 학생은 오히려 가장 공들여야 할 대상이기 때문입니다. 그래서 교사는 불리한 학생이 가장 적게 나오는 안이 나올 때까지 계획을 수정하고 또 수정해야 합니다.

네, 교사는 쩨쩨합니다. 하지만 그 쩨쩨함은 위대하고 영웅적이며 인류의 미래를 밝힙니다. 여러분은 쩨쩨해질 수 있는 용기와 그 쩨쩨함을 유지할 수 있는 끈기를 가져야 합니다.

일곱 번째 편지

"고달플 정도로 일하는 선생님은 단언하는데 절대 좋은 교사가 아닙니다. 이것은 잘못된 믿음이며 우상입니다. 이 우상은 대단히 중요한 사실을 모른 척하고 있는데, 그것은 바로 교사가 인간이라는 사실, 감정을 가진 불완전한 존재라는 사실입니다. 굳이 슈타이너 같은 인지학자들을 끌어들이지 않더라도 인간의 신체, 정신, 그리고 감정이 상호 연관되어 있음은 널리 알려진 사실입니다. 즉 고달픈 교사는 건강한 마음을 가지고 아이들을 대하기 어려우며, 냉철한 이성을 발휘하기 어렵다는 것입니다."

개도 안 먹는다는
그 '똥'

　　　　　　　　　'선생 똥은 개도 안 먹는다'는
속담이 있습니다. 아마 요즘 젊은이들에게는 낯선 말일 것입
니다. 개가 똥을 먹는다는 것도 그렇고, 선생 똥이 또 뭐가 어쨌
단 말입니까? 그런데 우리나라가 저개발 국가이던 시절에는 개
들이 똥을 먹었습니다. 사람 먹을 것도 귀한 판에 개밥을 챙겨
줄 여유가 없으니, 개들이 사람의 배설물을 먹고 살았던 것입니
다. '똥개'란 말은 털 색깔이 누르스름해서 생긴 말이 아니라 정
말 똥을 먹고 다니는 개를 일컫는 말이었습니다. 엄밀히 말하면
똥을 먹는다기보다는 사람이 미처 소화·흡수시키지 못한 똥 속
의 영양소를 먹는 것이지만요.

그럼 왜 '선생 똥은 개도 안 먹는다'란 말이 나왔을까요? 이는 그만큼 교사라는 직업이 힘들다는 표현입니다. 아이들에게 시달리고 격무에 시달리느라 영양소란 영양소는 남김없이 다 소모되어 선생 똥에 남아 있는 영양소 따위를 기대하기 어려워진 것입니다. 정말 무서운 비유입니다. 배설할 것이 없을 정도로 에너지를 많이 소모하다니, 선생 노릇 한다는 것은 일이 아니라 벌이라 불러야 할 것 같습니다.

하지만 이는 매우 잘못된 비유입니다. 그리고 이 속에는 매우 불순한 의도가 숨어 있기도 합니다. 똥에 영양가가 하나도 남지 않을 정도로 고달프게 일하는 것이 마치 교사의 전형적인 모습인 양 몰아붙이는 은근한 강제가 숨어 있기 때문입니다.

하지만 생각해 봅시다. 아이들 문제 때문에 고민에 고민을 거듭하다가 이마에는 '내 천' 자가 새겨지고, 몸은 파김치처럼 늘어진 채 간신히 집에 들어오고, 집에 들어와서도 밀린 숙제 검사하고, 자다가도 말썽부리는 녀석 야단치는 꿈 때문에 벌떡 일어나는 선생님은 과연 좋은 선생님일까요? 실제로 우리나라에서는 이런 선생님이야말로 참교사라는 해괴한 믿음이 있습니다. 신규 교사 중에도 아이들 속에 푹 빠져들어서 휴식도 없이 매진하는 그런 정열을 보여 주는 분들이 드물지 않게 있습니다.

하지만 고달플 정도로 일하는 선생님은 단언하는데 절대 좋은 교사가 아닙니다. 이것은 잘못된 믿음이며 우상입니다. 이 우상은 대단히 중요한 사실을 모른 척하고 있는데, 그것은 바로 교사가 인간이라는 사실, 감정을 가진 불완전한 존재라는 사실입니다. 굳이 슈타이너(Rudolf Steiner) 같은 인지학자들을 끌어들이지 않더라도 인간의 신체, 정신, 그리고 감정이 상호 연관되어 있음은 널리 알려진 사실입니다. 즉 고달픈 교사는 건강한 마음을 가지고 아이들을 대하기 어려우며, 냉철한 이성을 발휘하기 어렵다는 것입니다.

물론 여러분은 헌신적으로 최선을 다해 교육에 임해야 합니다. 그러나 고달프다고 느껴질 정도, 이마에 내 천 자가 새겨질 정도, 그야말로 똥도 메마를 정도가 되어서는 안 됩니다. 나이 먹고 게을러진 교사들이 젊고 부지런하고 열정적인 교사들에게 자주 하는 말 중에 "너도 나이 먹어 봐라. 나도 젊었을 적에……" 같은 것들이 있습니다. 게으른 선배 교사들을 옹호할 생각은 없지만, 그들의 말속에 일련의 진리가 숨어 있음을 인정해야 합니다. 어쩌면 그들도 젊었을 때는 매우 헌신적이었는지도 모를 일입니다. 하지만 명심하십시오. 쉽게 달아오른 불이 쉽게 꺼지며, 피로에 찌든 교사는 아이들에게 재앙이 됩니다.

엄마와 교사, 그 내면의 줄다리기

이 책을 읽고 있는 젊은이 상당수가 여성임을 감안한다면 이 충고는 더욱 중요해집니다. 왜냐하면 여성들에게는 그 정열을 전가할 우회로가 있기 때문입니다. 그것은 바로 자기 자신의 아이입니다. 교직 경력 초기에는 학생들에게 엄청난 정성을 쏟아붓다가 출산 후에는 그 정성을 모조리 자녀에게 퍼부으면서 학교의 아이들에게 소홀해지는 경우를 종종 볼 수 있습니다. 하지만 그건 변절이 아닙니다. 당연한 귀결입니다.

흔히 직장 여성들을 슈퍼우먼이라고들 하지만 세상에 슈퍼우먼은 없습니다. 특히 교육은 한 사람의 일생을 기울여야 하는 막중한 과업입니다. 여러분이 다른 엄마들에 비해 자녀에게 소홀해지는 것은 불가피합니다. 만약 그것을 거부한다면 학교의 아이들에게 소홀해질 것입니다. 둘 다 지키려고 한다면 여러분은 심신이 고달파질 것입니다. 그리고 고달픈 교사는 아이들에게 어떤 상처를 줄지 모르는 시한폭탄 같은 존재입니다.

그렇다면 대체 어쩌란 말인가요? 해답은 남편에게 있습니다. 흔히 남자가 사회적으로 매우 중요한 일을 하고 있다면 그가 가정에 조금은 소홀해도 용서가 됩니다. 그런데 여자는 왜 안 됩니까? 생각해 봅시다. 어느 기업체의 잉여가치를 생산하는 대기업 사원 남편과 한 사회의 시민을 기르는 교사 아내, 어느 쪽이 더 가치 있는 일을 하고 있습니까? 그런데 왜 가치 있는 일을 하고 있는 아내가 남편의 뒷바라지를 위해 가사와 육아를 전담하다시피 해야 합니까? 여교사들은 자신이 하고 있는 일의 전문성과 공공성에 자부심을 가지고 남편에게 보다 많은 가사 분담을 당당하게 요구할 수 있어야 합니다.

혹은 남들 눈에는 고달플 정도의 일이라도 본인에게는 고달프지 않게 일을 바꾸어 놓는 방법이 있습니다. 그것은 자신의 신체적·정신적 능력의 확장뿐 아니라 일의 효율적인 배분과 조절을 통해 가능합니다. 자신에게 주어진 일들의 목록을 나열해 보고 가치 우선순위에 따라 노력의 투자 정도를 배분합시다. 이때 가정·육아가 학교 교육보다 더 중요한 가치를 가지는 것으로 목록의 상위에 서게 되는 분은 죄송하지만 학교를 떠나거나 아이가 상당히 자랄 때까지 학교를 쉬어야 합니다. 그렇지 않으면 그 기간 동안의 삶이 너무 고달파집니다. 똥이 메마른 교사는 마음도 메마릅니다. 교사는 언제나 마음의 여유가 있어야 하며, 마음의 여유는 시간과 과업의 여유에서 비롯됩니다.

교사는 부임하고 나서 3~4년의 적응기, 1년가량의 회의·환멸기, 그리고 5~6년간의 원숙기(시기와 기간은 학설에 따라 다르지만)라는 발달 단계를 거쳐 간다고 합니다. 대부분의 학설들은 한 사람의 교사가 완성되어 최고의 전문성을 발휘하기까지는 대략

20년이 필요하다고 합니다.

그런데 우리 실정은 어떻습니까? 4~5년차 때 닥쳐오는 회의·환멸기를 극복하지 못하고 교직을 떠나거나, 자녀 양육과 병행할 수 있는 널널한 일자리 정도로 전락시키거나, 아니면 산송장이 되어 마지못해 시간표나 채우며 시간을 보내지 않습니까? 참으로 안타까운 일입니다. 더군다나 많은 젊은 교사들이 3~4년간 불필요하게 과도한 정열을 쏟아붓다가 그만 고달픔의 포로가 되어 버리는 것은 너무도 슬픈 일입니다.

명심하십시오. 정열이 과할수록 고달픔도 커지고, 고달픔이 커질수록 정신이 흐려지며, 흐려진 정신은 자칫 교사—학생 관계를 왜곡하게 된다는 것을. 그리고 이는 결국 교육에 대한 심각한 환멸로 나타나 학교를 떠나게 만들거나, 이후 수십 년간 월급도둑으로 출퇴근이나 반복하게 만든다는 것을.

자, 지금까지 교사에 대해 잘못 알려진 것들을 몇 가지만 짚어보았습니다. 물론 교사에 대한 오해는 앞에서 소개한 것들이 다가 아니지만, 나머지 것들은 다른 주제를 다루면서 같이 언급하기로 합시다. 다만 여기서 이런 이야기를 먼저 꺼낸 것은 여러분의 마음가짐을 확인하기 위해서입니다. 이 정도 읽고 나면 여러분은 과연 교사의 길을 선택할 것인지 말 것인지 망설이게 될 것입니다. 여기까지 읽고도 더 읽을 용기가 남아 있는 분들은 학교에 오셔야 할 분들입니다. 그분들만 다음 편지를 펼쳐 주시기 바랍니다.

2장
교사로 사는 삶의 즐거움

여덟 번째 편지

"교사는 일의 대상, 일의 재료가 바로 살아 있는 인간인 아이들입니다. 아이들은 또한 교사가 자신의 존재를 기울여 상호작용할 수 있는 그런 존재들이기도 합니다. 교사는 학생들을 교육합니다. 교육은 학생을 재료로 삼아 일방적인 조작을 가하는 과정이 아니라 학생들과의 상호작용을 통해 관계를 만들어 나가고, 그 관계의 망 속에서 성장하는 과정입니다. 이렇게 차갑게 굳어 있는 현대, 저 냉정한 사물의 바다에서 따스한 '관계'의 섬을 만날 수 있는 교사는 참으로 행복한 사람들입니다."

관계와
성장

자, 교사에 대해 잘못 알려진 것들을 바로 알고 난 다음에도 여전히 교사의 길을 걸어 갈 마음이 드십니까? 그럼 용기를 북돋아 드리는 의미에서 이번에는 교사가 되었을 경우 얻을 수 있는 즐거움에 대해 소개해 드리려 합니다. 물론 여기서는 군자삼락 따위의 뻔한 말은 나오지 않을 것입니다. 천하의 인재를 얻어 잘 가르친다는 군자삼락의 세 번째 즐거움은 초특급 엘리트 교육 담당자들에게나 해당되는 것이지 보통교육기관 종사자에게는 해당 없기 때문입니다.

지금부터 소개할 내용은 어떤 학문적 근거에 바탕한 것은 아닙니다. 다만 저의 경험이 유일한 근거입니다. 어쩌면 순전히 저의 주관적인 느낌일지도 모르겠습니다.

하지만 저는 분명히 다음과 같은 행복과 즐거움을 느꼈으며, 그 행복한 기억이 25년이 넘도록 이 자리를 지킬 수 있게 만든 원동력이었습니다.

유목민의 시간은 공장노동자의 시간과 다르다

독일의 철학자 부버(Martin Buber)는 '나—너' 사이의 관계가 '나—그것'이 되어 버리는 것이 현대사회의 가장 큰 병폐라고 했습니다. 우리는 어떤 것을(그것이 꼭 사람일 이유는 없습니다) '너'라고 부름으로써 그것과 의미 있는 관계를 형성합니다. 심지어 그 대상이 사물이라 할지라도 너라고 부름으로써 관계라는 실재가 생깁니다. 나와 너는 서로 존재를 기울여 소통하는 사이이며, 함께 현재를 살아가는 사이입니다. 그렇지 않다면 우리는 그것·그·그녀 들과만 살게 됩니다. '그것'으로만 가득한 세계는 소통하는 대신 서로를 목적을 위한 수단으로 삼고, 대화하는 대신 설명하기만 하는 세계입니다.

세상 모든 사람들이 당신에게 단지 어떤 목적 때문에 필요한 존재들이며, 당신 역시 그들에게 다만 어떤 목적 때문에 필요한 존재라고 생각해 보십시오. 이런 세상은 칸트의 정언명령이 완전히 무너진 세상이며, 헤겔의 인륜이 파괴된 세상이며, 베버 (Max Weber)의 의미가 상실된 세상입니다. 사람이라면 누구도 단지 다른 사람의 수단이 되기를 원하지 않을 것입니다. 마찬가지로 그 누구도 수단들로만 가득한 사물의 세계에서 살아가길 원하지 않을 것입니다.

관계에 대한 예찬은 아무리 늘어놓아도 오히려 부족함이 느껴질 정도입니다. 아렌트(Hannah Arendt)의 말대로 인간은 불확실하고 불확정적인 관계의 그물망 속에 자신을 던져 넣음으로써 존재를 확인합니다. 인간은 스스로 자기 얼굴을 볼 수 없는 존재이기 때문입니다. 우리는 거울을 통해서나 우리 얼굴을 확인할 수 있습니다. 하지만 그것은 우리 얼굴의 형태만 겨우 보여 줄 뿐입니다.

우리가 어떤 존재인지, 어떤 가치가 있는지 확인하기 위해서는 타인이 필요합니다. 그런데 현대사회는 타인을 다만 수단으로만 삼아 버리는 그런 사물들의 세계로 바뀌어 가고 있습니다. 우리는 사물 혹은 수단으로 여기는 것들의 반응을 통해서는 자신에 대한 의미 있는 평가를 얻을 수 없습니다. 우리에게는 타인, 다른 사람이 필요합니다.

철학자 헤겔은 저 유명한 '노예와 주인'의 비유를 통해 타자로부터 자신을 확인하는 인간의 존재를 멋지게 표현한 바 있습니다. 주인은 노예를 부림으로써 자신을 확인하려 하지만, 이미 열등한 존재로 자리매김된 존재로부터의 확인은 아무 가치가 없습니다. 반면 노예는 노동을 통해 자신을 실현할 수 있으며, 노예주로부터의 인정 역시 기대할 수 있는 것입니다. 물론 여기서 말하고자 하는 바는 노예가 되자는 것이 아닙니다. 주목할 것은 자신을 기울여 타자를 높여 주면 자신이 높게 평가한 상대로부터 자신을 평가받을 수 있다는 역설입니다.

우리가 존중하고 높여 주는 그런 사람들과 관계를 맺는다는 것은 자신에 대해 의미 있는 평가를 해 주고, 가치를 인정해 줄 수 있는 타자가 생긴다는 뜻이 됩니다. 반면 다른 사람을 지배하려 들고 이용하려 드는 사람은 의미 있는 타자, 우리 자신을 확인시켜 줄 타자들을 점점 줄여 나가는 어리석음을 범하고 있는 것입니다. 이런 사람들은 자신의 가치를 확인하기 위해 평가를 갈구하지만 이미 의미 있는 타자들을 소멸시켜 버렸기 때문에 결국 소유에 집착합니다. 더 많이 가지고, 더 많이 일하고, 더 많이 지배하려 합니다. 하지만 그럴수록 얻게 되는 것은 공허와 갈망뿐입니다.

안타깝게도 현대 자본주의사회는 끊임없이 타자를 수단으로 만들어 버리는 것을 이른바 '경쟁'이라는 말로 합리화하고 있습니다. 근대의 자연은 이미 우리와 상호작용하는 살아 있는 관계의 대상으로서의 자격을 상실했습니다. 근대의 자연은 차갑게 굳어 있는 사물에 불과합니다. 그리고 이런 죽어 있는 사물을 상대하는 노동 역시 차갑게 굳어 있는 기계적인 일에 불과합니다. 그리하여 인간은 노동하는 순간을 살아 있다고 느끼지 못합니다. 차라리 양 떼를 몰고 다니는 유목민은 일하는 시간을 살아 있는 시간으로 느낄지언정, 공장에서 기계를 상대하는 노동자에게 일하는 시간은 곧 죽어 있는 시간이 됩니다.

하지만 교사는 다릅니다. 교사는 일의 대상, 일의 재료가 바로 살아 있는 인간인 아이들입니다. 아이들은 또한 교사가 자신의 존재를 기울여 상호작용할 수 있는 그런 존재들이기도 합니다. 교사는 학생들을 교육합니다. 교육은 학생을 재료로 삼아 일방적인 조작을 가하는 과정이 아니라 학생들과의 상호작용을 통해 관계를 만들어 나가고, 그 관계의 망 속에서 성장하는 과정입니다. 이렇게 차갑게 굳어 있는 현대, 저 냉정한 사물의 바다에서 따스한 '관계'의 섬을 만날 수 있는 교사는 참으로 행복한 사람들입니다.

물론 이 기쁨은 자신을 기울인 겸손한 교사들에게만 주어집니다. 학생들을 존중하는 교사는 그 존중받을 만한 학생들로부터 자신의 존재와 가치를 확인받을 것이며, 학생들을 무시하고 학대하는 교사는 그 무시했던 학생들로부터도 경멸을 받는 최악의 처지에 처하고 말 것입니다.

미래를 생성하는 펌프

교사는 교육자입니다. 이 당연한 말을 자꾸 강조하는 이유는 교육이라는 독특한 행위를 노동과 구별하기 위해서입니다. 즉 교사는 단지 노동자가 아니라 교육자라는 것입니다. 교사는 교육자이면서 노동자일 수도 있고, 교육자이기만 하고 노동자가 아닐 수도 있습니다. 그러나 교육자가 아니면서 노동자이기만 할 수는 없습니다.

그렇다면 교육이란 대체 무엇일까요? 안타깝게도 이건 참으로 대답하기 어려운 질문입니다. 교육의 정의는 이 세상에 존재하는 교육자의 수만큼이나 많기 때문입니다.

몇 가지 예를 들어 볼까요?

슐라이어마허(Friedrich Ernst Daniel Schleiermacher)는 교육을 미성숙한 젊은이와 어른 사이의 차이를 제거하는 과정이라고 했습니다. 헤르바르트(Johann Friedrich Herbart)는 교육을 아는 것과 행하는 것의 차이를 좁혀 젊은이가 옳은 것을 알고, 그것을 행할 수 있게 하는 것이라고 하였습니다. 그 외에도 교육에 대한 무수한 진술들이 있습니다.

하지만 이 무수한 진술들을 공통으로 관통하고 있는 두 개념이 있으니 그것은 바로 성장과 진보입니다.

그 뜻이야 뭐가 되었고, 그 방향이야 뭐가 되었건 간에 교육은 신체적·정신적으로 학생이 성장하는 과정에 관여합니다. 즉 교육은 성장을 의식적으로 촉진하거나(이것이 헤르바르트의 길입니다), 아니면 성장에 방해되는 것을 제거하는 것(이것이 루소의 길입니다)과 관련한 인간 행위입니다.

그렇다면 성장이란 무엇일까요? 일단 시간의 경과에 따라 나타나는 변화라고 할 수 있습니다. 성장은 시간이 지난 뒤 이전과 다른 사람이 되어 있음을 의미합니다. 하지만 단지 변한 것만으로는 안 됩니다. 어떤 경우에도 변화의 결과가 이전보다 못난 인간이 되는 것이어서는 안 됩니다. 그럴 경우 우리는 성장이라는 말 대신 퇴행이라는 말을 사용합니다.

교육은 이렇게 시간의 결과가 퇴행이 아니라 성장이 되게끔 하는 일종의 펌프이자 심장판막과 같습니다. 따라서 교육은 그 본성상 진보적입니다. 교육을 받은 사람은 교육받기 전보다 어떤 면에서든지 간에 훌륭해져야 하기 때문입니다.

물론 교육은 앞 세대의 업적을 보존하여 다음 세대에 전수하는 보수적인 면을 가지고 있기도 합니다. 하지만 그것은 단순한 보존이 아닙니다. 교육은 앞 세대가 그 삶을 마칠 무렵에야 도달했을 경지를 다음 세대가 자기 삶의 출발점으로 삼을 수 있도록 만드는 것입니다.

그러니 교육의 목적은 앞 세대의 업적을 답습하는 것이 아니라 거기서부터 출발하여 그들이 삶을 마칠 무렵에는 그보다 훨씬 더 진보할 수 있도록 하는 것입니다. 실제로 인류는 이런 식으로 진보해 왔습니다. 교육에 종사한다는 것은 인류의 진보 과정에 자신의 힘을 보태는 대단히 가치 있고 행복한 일을 하고 있다는 의미를 지닙니다.

이 '행복'이라는 말처럼 철학자들의 주제로 자주 사용된 말도 없을 것입니다. 그런데 아리스토텔레스에서 스피노자를 거쳐 포이어바흐(Ludwig Andreas von Feuerbach)에 이르기까지 도도하게 흐르는 행복에 대한 사유에는 항상 '어떤 전체 속에서 자신의 가치를 발휘하는' 기쁨이라는 아이디어가 들어 있었습니다. 그 전체가 폴리스가 되었든, 서로의 공통성을 통해 구성해 나가는 공화국이 되었든, 혹은 인류가 되었든 간에 말입니다.

물론 이 말은 전체주의·파시즘·민족주의 따위가 주장하는 것처럼 전체를 위해 개인이 희생되어야 한다는 의미가 아닙니다. 오히려 개인들이 자신들의 특이성(singularity)을 최대한 발휘하면서도 동시에 어떤 전체 속에서 중요한 기여를 할 수 있어야 행복해진다는 의미입니다. 참으로 인간은 공동체를 만드는 정치적 동물인 것입니다. 그렇다면 공동체의 존속과 발전에 핵심적으로 기여하고 있는 교사야말로 얼마나 행복하겠습니까?

이렇게 교육은 공동체의 존속과 동시에 생성·탄생에 기여하는 일입니다. 바로 이 점이 교육을 여타의 노동, 심지어 지식 노동과도 구별 짓는 특징입니다.

예컨대 학문과 비교해 보십시오. 학문의 대상은 사실입니다. 학문의 목표는 지식입니다. 사실과 지식은 이미 지나간 시간의 결과물입니다.

물론 학자들은 사실에 대한 분석을 기반으로 미래를 예측하기도 합니다. 하지만 단지 예측할 뿐 미래를 생성하는 것은 학자의 일이 아닙니다. 학문적인 개념들은 언제나 완료형으로 진술됩니다. 반면 교육은 슈타이너의 말대로 깨어남이며 미래를 향한 의지입니다.

이런 의미에서 교육은 여러 정신적 활동 중에서 예술과 가장 흡사합니다. 그러나 예술이 비록 생성하는 작업이라고는 하나 그 최종 결과물은 굳어 있는 작품입니다. 예술 작품은 그것이 만들어지는 동안에는 작가와 활발하게 상호작용하며 약동하지만 일단 작품이 완성되면 그 생성 능력은 현저하게 떨어집니다. 그래서 예술가는 또 다른 작품 제작에 들어서는 것입니다. 이런 면에서 예술가들은 끝없이 바위를 굴리는 시시포스와도 같습니다.

그러나 교육은 살아 있는 인간과 관계합니다. 그것도 성장하는 인간과, 그 속에 들어 있는 폭발적인 잠재적 생명력과 관계합니다. 우리의 작품은 끊임없이 생성되며, 스스로 발전하고, 그힘을 우리에게 되돌려 줍니다. 따라서 교사는 생성시키며 또 스스로 생성하는 직업입니다. 그래서 교사는 잘 늙지 않습니다.

성장하는 교사는 늙지 않는다

여러분이 학교에서 일하기 시작하면 선배 교사들의 연령대를 가늠하기 어려워서 고생을 좀 할 것입니다. 어떤 교사는 중년인데도 마치 청년 같아 보여 본의 아니게 실례를 할 수도 있습니다. 반면 어떤 교사는 나이보다 훨씬 늙어 보여 지나치게 공손히대할 수도 있습니다.

이 차이가 어디에서 비롯되는지 궁금하다면 그 교사와 학생들의 관계를 보십시오. 나이보다 젊은 교사는 학생들과 생성하는 관계를 맺고 있을 것입니다. 그런 교사는 아직도 성장하고 있기에 나이와 무관하게 젊습니다. 늙은 교사는 학생들에게 화석처럼 굳어 버린 지식을, 개념을, 낡은 가치관을 강제로 쑤셔 넣을 것입니다. 그들은 이미 성장이 완료된 교사이기에 나이와 무관하게 늙어 있을 것입니다.

이런 점에서 교사는 그 어느 직업보다도 청춘을 길게 유지할 수 있는 직업이기도 하지만, 거꾸로 어느 직업보다도 조로하기 쉬운 직업이기도 합니다.

청춘 또는 조로. 여러분의 선택입니다.

아홉 번째 편지

"진정한 교육학 공부는 여러분이 첫 수업에 임할 때 비로소 시작될 것이며, 그 순간부터 계속될 것입니다. 물론 그것은 여러분의 선택입니다. 여러분의 머릿속에서 화석같이 단단히 굳은 정보들을 학생들에게 억지로 주입할 것인지, 아니면 학생들과의 상호작용 속에서 함께 성장할 준비가 되어 있는지 스스로 판단하십시오. 전자를 선택한다면 여러분도 학생도 모두 공부하지 못하는 불행한 길로 가게 될 것입니다. 후자를 선택한다면 바로 진정한 공부를 향해 가는 길이 펼쳐질 것입니다."

탐구하고
사유하는 삶

생물학에서 인간을 지칭하는
학명인 호모 사피엔스는 다들 아시다시피 '생각하는 사
람'을 뜻합니다. 이 학명에는 인간의 본성·본질은 바로 생각이
라는 의미가 들어 있습니다. 이는 인간을 세상의 다른 존재와 구
별하는 결정적인 특성은 바로 '생각, 사유'라고 한 아리스토텔레
스에게까지 거슬러 올라갑니다. 아시다시피 아리스토텔레스는
행복이란 본성에 맞게 사는 것이라고 하였습니다. 따라서 인간
은 사유하는 삶을 살 수 있을 때 가장 행복합니다. 그리고 그 사
유란 아무 생각이나 하는 것이 아니라 무엇인가 탐구하는 생각
일 것입니다. 이러한 탐구와 사유가 '공부'의 원래 의미입니다.

공부하는 사람은 행복합니다. 물론 이건 인간의 다양성을 무시한 고대 사상가들의 지나친 일반화입니다. 분명 사람에 따라서는 탐구하고 사색하는 삶이 진저리 칠 정도로 지루할 수 있기 때문입니다. 하지만 공부가 좋은 분, 평생 공부만 할 수 있다면 나물 먹고 물 마시고 팔을 베고 누워도 좋으신 분이라면 교사직은 최선은 아니더라도 적어도 차선은 되는 몇 안 되는 직장 중 하나입니다. 최선은 대학교수가 아니겠느냐고 생각하실지 모르겠습니다. 한때 그랬던 것 같기는 합니다만, 지금은 장담하기 어렵습니다.

사실 저도 대학교수가 되려고, 또 될 뻔하기도 했던 적이 있었습니다. 거의 다 되었다고 생각했는데 석연치 않은 이유로 되지 못했습니다. 하지만 그 이야기는 그만두고요. 제가 교수가 되려고 했던 이유는 세속의 영달 등과는 거리가 멉니다. 저는 교수가 교사보다 더 위의 직업이라고 보지 않습니다. 다만 다른 종류의 직업일 뿐입니다. 그럼에도 불구하고 교수가 되려고 했던 것은 쓸데없는 행정 잡무에 시달리지 않고 순전히 교육과 공부에만 전념할 수 있을 것이라는 환상을 가졌기 때문입니다. 하지만 대학사회를 알면 알수록 공부에 전념하기 어려운 곳이라는 것이 분명해졌습니다. 오히려 그곳은 온갖 교묘한 술책과 정치술을 발휘해야 하는 곳이었습니다. 그리고 그런 일은 제가 가장 자신

없어 하고 혐오하는 일이기도 했습니다.

각종 연구소나 개발원의 연구원도 공부할 수 있는 직업입니다. 하지만 국책연구소의 경우는 정부의 요구에 따라, 민간연구소의 경우는 펀드를 대는 의뢰인의 요구에 따라 공부해야 합니다. 이렇게 남의 요구에 따라 공부하게 되었다면 그것은 더 이상 탐구가 아니라 노동입니다.

교사의 공부에는 그러한 제한이 없습니다. 수업이 없는 시간에 어떤 내용이든지 간에 공부를 하고 있으면 그것은 '일하고 있는 것'으로 간주됩니다. 공부하고 있지 않아도 일하고 있는 것으로 간주되는 것이 문제지만 말입니다. 근무시간 이후에도 거래선 관리, 각종 접대, 이런저런 자잘한 회의 따위를 신경 쓰지 않고 편안한 장소에서 원 없이 공부할 수 있는 직업이 교사입니다.

물론 '겨우 어린 학생들 가르치는 데 무슨 원 없는 공부 타령이냐?' 이렇게 힐난하거나 냉소할 분들도 있을 것입니다.

말하자면 중학교 사회교사가 아렌트의 『칸트 정치철학 강의』나 하버마스(Jürgen Habermas)의 『소통행위이론』 같은 난해한 정치·사회 이론을 공부하는 것이 무슨 소용이냐 이런 뜻이 되겠습니다. 오히려 중요한 것은 깊이 있는 지식, 전문적인 지식이 아니라 아이들 수준에서 가르칠 수 있는 감각이 아니겠느냐 이런 반문도 가능합니다. 하지만 신기한 것은 자기 분야의 '고급 지식'

을 습득한 교사가 도리어 '아이들 수준'으로 가르치는 일도 더 잘하더라는 것입니다. 원래 어려운 글보다 쉬운 글 쓰기가 더 어려운 법이며, 어렵게 가르치기보다 쉽게 가르치기가 더 넓고 깊은 지식을 필요로 하는 법입니다.

예를 들어 철학과에 다니는 학부생들에게 일반인을 상대로 칸트의 도덕 형이상학을 강의해 보라고 한다면 어떤 일이 일어날까요? 아마 칸트의 책을 그대로 읽어 내리기에 바쁠 것입니다. 적절한 사례를 드는 것도, 또 칸트의 문장을 알기 쉽게 바꾸어 직관적으로 표현하는 것도 불가능할 것입니다. 반면 평생을 칸트만 연구한 노학자라면 아마도 유머까지 섞어 일상생활의 예를 들어 가면서 아주 쉽고 재미있게 설명할 수 있을 것입니다.

어린 학생들을 상대로 쉽고 재미있게 가르치기 위해서는 그 분야에 대해 참으로 깊고 폭넓은 공부를 하지 않으면 안 됩니다. 남을 가르친다는 것은 공부의 최종 단계에 속합니다. 그리고 그 가르치는 대상의 수준이 낮으면 낮을수록 공부의 단계는 높아집니다. 개념의 유희가 아니라 삶의 다양한 측면과 연결지어 가며 공부해야 하니까요.

공부하는 삶은 진화하는 삶이다

공부를 해야만 한다고 강요받는다니, 공부를 좋아하는 사람에게는 참으로 즐거운 직업이 아니겠습니까?

공부라는 말이 오용되어 오해의 소지가 있을까 봐 한번 짚고 넘어가겠습니다. 저는 여기서 공부라는 말을 열심히 뭔가를 반복해서 익히는 그런 활동과는 전혀 다른 의미로 사용하고 있습니다. '놀지 말고 공부해' 등등의 잔소리에서 사용하는 그런 의미의 공부가 아니라 '그게 다 삶의 공부가 된 셈이다' 이런 식으로 사용할 때의 공부가 바로 제가 사용하는 의미의 공부입니다.

공부는 탐구(inquiry)와 성찰(reflection)로 이루어진 행위입니다. 탐구는 어떤 문제(problem)의 해결을 위해 필요한 지식을 탐색·구축하는 과정이고, 성찰은 그 결과를 사전에 예상하고 사후에 평가하여 새로운 대안을 모색하는 활동입니다. 이 모든 활동의 출발점이 되는 문제는 단순한 호기심일 수도 있고 현실에서 부딪치는 사태일 수도 있고 혹은 해결되어야만 하는 이론적 난제일 수도 있습니다.

하지만 문제가 무엇이 되었건 간에 그것을 풀기 위해 지식을 탐색하고, 적용하고, 그 결과 새로운 지식을 형성하는 과정이라면 그것은 모두 공부입니다. 여기서 중요한 것은 문제를 해결하기 위해 시작했다는 것, 그 과정에서 새로운 지식이 형성되었다는 것입니다. 공부하는 사람은 스스로를 진화시키는 사람이며, 공부하는 삶은 스스로 진화하는 삶입니다. 스스로 진화할 수 있는 사람은 환경에 더 효과적으로 적응할 수 있으며, 환경과 상호 작용하여 환경을 바꾸어 나갈 수 있게 됩니다.

그런데 어떤 문제를 발견하고, 그것을 해결하기 위해 이미 가지고 있는 지식들을 적용하고 또 필요한 지식을 탐색하는 과정이 모든 사람에게 즐거운 것만은 아닙니다. 어떤 사람, 아니 사실은 상당수 사람들에게 이러한 과정은 대단히 고통스럽고 지루한 과정입니다. 왜 그럴까요? 대부분의 사람들은 공부를 해본 경험이 많지 않아 공부를 즐기는 방법을 모르기 때문입니다. 특히 최근에 입직하는 젊은 교사들에게 이 문제는 심각합니다.

이렇게 말하면 반발하는 분들이 적지 않을 것입니다. 아니, 우리가 교사가 되기 위해 얼마나 열심히 공부했는데, 공부를 안 했기 때문에 공부의 즐거움을 모른다고 하느냐 하는 앙칼진 항의의 목소리가 들립니다. 하지만 제가 이렇게 생각하는 데는 이유가 있습니다.

얼마 전 서점에서 '교원 임용고시'라는 코너를 둘러보다가 그곳에 전시된 교재들을 보고 기겁했던 적이 있습니다. 예를 들면 『○○○ 교육학』이라는 타이틀을 단 책들 말입니다. 인류가 수천 년 동안 고민하며 누적한 교육의 지혜들을 단지 몇몇 요목으로 정리된 암기거리, 단순 정보로 전락시켜 놓은 책들 말입니다.

교사가 되겠다는 젊은이들이 이렇듯 잘 정리된 요목들을 달달 외우고, 응용문제를 연습하고, 그래서 높은 시험 점수를 받아 학교에 들어온다고 생각하니 더욱 암담해졌습니다. 이런 식으로 공부한 교사들은 결국 학생들도 이런 식으로 가르칠 것이기 때문입니다. 이렇게 되면 공부는 단지 현실적인 필요 때문에 당장 써먹을 수 있는 정보를 암기해 두었다가 그 순간에 인출하고, 그러고 나면 잊어버리는 악순환의 연속으로 전락하고 맙니다. 실제로 많은 교사들이 그렇게 공부해 왔고, 그렇게 공부시켰습니다. 하지만 제가 앞에서 강조한 탐구와 성찰의 의미에서 바라본다면 이른바 임용고시 공부는 모두 헛짓입니다. 진정한 교육학 공부는 여러분이 첫 수업에 임할 때 비로소 시작될 것이며, 그 순간부터 계속될 것입니다. 물론 그것은 여러분의 선택입니다. 여러분의 머릿속에서 화석같이 단단히 굳은 정보들을 학생들에게 억지로 주입할 것인지, 아니면 학생들과의 상호작용 속에서 함께 성장할 준비가 되어 있는지 스스로 판단하십시오. 전자를 선택한다면 여러분도 학생도 모두 공부하지 못하는 불행한 길로 가게 될 것입니다. 후자를 선택한다면 바로 진정한 공부를 향해 가는 길이 펼쳐질 것입니다.

그리고 다행히도 교사는 그런 진정한 공부를 계속할 수 있는 시간적 여유를 부여받았고, 게다가 일 자체가 공부일 수도 있는 특혜를 아직까지는 누릴 수 있는 직업입니다.

열 번째 편지

"교사라는 자리는 능동적으로 즐기는 재미있는 삶과 경제적으로 안정적인 삶을 모두 누릴 수 있는 상당히 귀한 자리입니다. 일 그 자체가 여가일 수 있으며, 또 문자 그대로의 여가 역시 비교적 넉넉한 편입니다. 물론 그 여가시간을 일을 준비하기 위해 사용한다면 더욱 즐거울 것입니다. 교사들은 이런 여가시간과 또 즐거운 교육활동이 이루어지는 시간 동안 자신의 지성과 감수성을 계속해서 계발하여 행복을 얻는 능력을 더욱 증진시켜 나가야 할 것입니다."

여가와
일의 만남

인간은 이성을 가진 존재입니다. 아리스토텔레스에 따르면 인간의 이성에는 '실천이성'과 '이론이성'이 있습니다. 실천이성은 주로 도덕적 판단을 내릴 때 옳고 그름(right/wrong)을 가리는 정신 작용입니다. 이론이성은 주로 학문적 판단을 내릴 때 참과 거짓(truth/false)을 가리는 정신 작용입니다. 물론 실천이성과 이론이성은 완전히 분리된 것이 아닙니다. 오히려 이 둘이 상호 조화를 이룸으로써 이성이 작동하는 것입니다. 아리스토텔레스의 생각은 칸트에게로 이어집니다. 그래서 칸트는 인간의 도덕적 행위를 명령하는 실천이성이 실제로는 이론적 지식에 관여하는 순수이성과 한 뿌리임을 증명하고자 했던 것입니다.

그런데 이 두 이성의 상호 조화가 무엇일까요? 아리스토텔레스는 두 이성에서 비롯되는 행위들이 치우침 없이 균형을 이루는 것이라고 했습니다. 이러한 상태가 바로 선한 상태이며, 인간은 선한 상태에서 행복해집니다. 따라서 인간이 행복해지려면 실천이성에서 비롯되는 행위와 이론이성에서 비롯되는 행위가 조화를 잘 이루고 있어야 합니다. 한쪽으로 치우친 인생은 고달픕니다. 매사를 도덕적·윤리적 판단에 치우쳐서 생각하는 사람이라면 공과 사의 구분에서 큰 실패를 겪을 수 있을 것입니다. 반면에 매사를 학문적 진위의 기준으로 판단하는 사람이라면 일상생활이 너무 삭막하고 외로울 것입니다.

그럼 어떤 균형이 필요할까요? 정치적 삶과 공공의 삶, 여가와 노동, 실용적인 삶과 고상한 삶 간의 균형입니다. 조금 우스운 표현이 되겠지만 고등학교 사회 교과식으로 정치·경제와 사회·문화의 균형이라고 말할 수도 있겠습니다.

만약 정치·경제 축으로 치우친 삶을 사는 사람이라면 몰취미하고 매력 없는 사람이 되기 십상일 것입니다. 물론 그렇게 사는 자신도 결코 행복하지 않을 것입니다. 가진 것은 많고 지위는 높을지 몰라도 자신의 가치를 실현하고, 자신이 보다 고결한 존재로 진보하고 있다는 느낌을 받을 수 없기 때문입니다. 반면 후자에 치우친 사람의 삶은 얼른 보면 고상하고 멋져 보일지 모르나 실상은 최소한의 생계 문제로부터도 자유롭지 못한 답답하고 위태로운 삶일 가능성이 큽니다. 공자가 말한 대로 곳간이 비어서는 예의를 기대하기 어려운 것입니다. 따라서 좋은 삶이란 노동과 취미, 일과 여가가 적절히 조화와 균형을 이루고 있는 삶일 것입니다. 그러나 이런 삶은 참으로 살기 어렵습니다. 인류 역사상 이런 삶을 살 수 있었던 시대는 거의 찾아보기 어렵습니다. 이는 인류가 평등한 대동사회가 아니라 계급사회를 이루는 경우가 대부분이었기 때문입니다. 지배계급 혹은 상위 계층은 노동과 일보다는 여가와 취미 쪽으로 치우친 삶을 살게 되었습니다. 피지배계급 혹은 하위 계층은 노동과 일에 치우친 삶을 살며 여가나 취미와는 거리가 먼 삶을 살게 되었습니다. 고대부터의 이러한 악습은 민주주의가 정착되고 신분제가 사라진 현대사회에까지 그 그림자를 드리우고 있습니다.

하지만 마르크스나 여타 사회주의자들의 주장처럼 생산수단을 공유한다고 해서 그런 조화로운 세상이 올 것 같지는 않습니다. 공장과 같은 생산수단이 사장의 소유가 되었건, 국가 혹은 공동체의 소유가 되었건 간에 그것이 공장인 한 노동 그 자체의 성격은 변하지 않기 때문입니다. 중요한 것은 노동수단이 누구 것이냐가 아니라 노동이 수행되는 방식입니다. 그래도 굳이 따져 본다면 일터나 생산수단의 소유가 아니라 노동 그 자체의 통제권을 누가 가지고 있느냐의 문제입니다. 즉 일하는 사람이 자신의 노동을 통제할 수 있는가의 문제입니다. 어떤 사람은 자신의 일을 통제하는 주인이 될 수 있습니다. 반면 어떤 사람은 일에 종속되어 끌려 다니기만 합니다. 자기 일의 주인이 되는 사람은 그 일이 즐겁고 기쁨을 주고, 또 스스로 생각하기에 가치 있다고 여기기에 그 일을 합니다. 이러한 순수한 기쁨과 즐거움이 없었다면 대학로 소극장에서 비지땀을 흘리며 벌이도 안 되는 연극을 무대에 올리는 연극인들의 삶을 도저히 이해할 수 없을 것입니다. 그들은 스스로 일의 주인이 되는 대신, 안정된 임금 소득을 기회비용으로 지불한 것입니다. 그런데 교사는 자기 일의 주인이 될 수 있으면서도 안정적인 임금을 받을 수 있는 대단히 드문 직업입니다. 이것이 교사에게 당연한 특권이라고 생각하면 착각입니다. 오히려 이것은 우연한 틈새입니다.

교실이 자유의 공간인 이유

사실 서류상으로 한국의 교사는 이런 자율적인 노동을 할 수 없는 존재입니다. 학교를 구성하고 있는 제도 하나하나는 마치 컨베이어 벨트처럼 교사의 일을 세세하게 규제합니다. 애초에 공교육의 교사란 학생들을 현 체제에 순종적인 종으로 길들이기 위한 거대한 재생산 체계의 한 부분에 불과하기 때문입니다.

유감스럽게도 이 체계를 지배하는 집단은 교사를 스스로 기획하고, 구상하고, 집행할 수 있는 독자적인 지식인으로 간주하지 않습니다. 이들에게 교사는 소단원 단위까지 상세하게 규정된 교육과정, 그보다 더 상세한 세부 사항까지 미리 결정되어 있는 교과서, 교과서의 내용을 절대 넘어서지 못하게 만드는 일제식 정기고사·표준화 학력검사 등을 통해 거미줄처럼 묶여 있는 존재입니다. 이 거미줄 속에서 교사는 이미 만들어지고 구조화된 교육 내용을 이미 만들어지고 훈련된 교수학습 방법 패키지에 따라 기계적으로 반복하는 단순 노동자로 간주됩니다.

그러나 문제는 교사의 노동이 이루어지는 장소, 즉 교실입니다. 교실은 지극히 자유로운 공간이며 교사에게 전적으로 주어진 공간입니다. 국가 교육과정이 무엇이 되었든, 그리고 행정 규제가 무엇이 되었든 최종적으로 교육이 행해지는 곳은 교실이며 그곳에서 학생과 교사는 재료와 노동자가 아니라 인간 대 인간으로 만납니다. 이 인간 대 인간의 만남은 자유의 시간일 수밖에 없으며, 누구도 간섭할 수 없는 시간이며, 간섭한다 해서 간섭한 자의 의도가 그대로 관철되지도 않는 시간입니다.

실제로 교육에 대한 그 어떠한 행정적 규제나 교육개혁도(그것이 진보적이든 반동적이든 간에) 성공한 사례가 드문 까닭은, 결국 교육과정의 최종 단계는 살아 있는 교사와 학생의 인간적 관계 속에서 결정되기 때문입니다. 즉 문서상의 교육과정이 아니라 실제의 교육과정이 따로 존재하는 것입니다.

그렇다면 생각해 보십시오. 교사가 모두 n명이라고 합시다. 또 학생이 모두 k명이라고 합시다. 그렇다면 교육과정이 고려해야 하는 교육 상황은 모두 n×k개가 됩니다. 그 숫자가 얼마나 엄청난 숫자일지 금방 짐작할 수 있을 것입니다. 이렇게 엄청나게 많은 상황에 맞는 엄청나게 많은 교육과정을 국가나 교육청이 개발한다는 것은 불가능한 일이며, 또 개발한다 할지라도 그대로 집행되고 있는지 확인하고 통제할 수 없는 일입니다. 그래서 정부는 어쩔 수 없이 이 부분을 교사의 재량으로 맡겨 둘 수밖에 없습니다. 그 결과 교사는 문서상으로는 교육과정의 최말단 행위자에 불과하지만, 실제로는 교육과정의 창조자나 마찬가지가 됩니다. 물론 정부 입장에서야 표준화된 교육과정과 교과서를 개발한 뒤 그게 전국 모든 교실에서 똑같이 행해지기를 원할 것입니다. 그리고 실제로 교사가 자신들이 미리 정해 놓은 대로 수행하고 있는지를 각종 행정보고, 장학 등을 통해서 통제하려 할 겁니다. 하지만 이건 사실상 불가능한 일입니다. 행정보고야 서류만 갖춰서 내면 그만입니다. 장학이야 일 년에 한두 번 있을까 말까 합니다. 결국 교육활동의 거의 대부분을 차지하는 부분인 교실에서의 실제 상황은 매우 드넓은 재량 영역으로 남게 됩니다. 문서상으로는 구상자가 아니라 단순 집행자에 불과한, 즉 노동자에 불과한 교사가 실제로는 구상과 실행을 모두 감당하는 독립기관이 되는 것입니다.

이 상황에서 교사는 교육과정과 교과서를 정확하게 따라가며 단순 노동을 할 것인지, 아니면 교실 사정에 따라 이를 창조적으로 재구성하여 나름의 수업을 기획할 것인지 선택할 수 있는 위치에 서게 됩니다. 더 쉬운 쪽을 택하라고 한다면 전자입니다. 더 재미있는 쪽을 택하라고 한다면 후자입니다. 쉬운 쪽과 재미있는 쪽 중 어느 것을 선택할까요?

매우 어려운 질문 같지만 의외로 답은 간단합니다. 인간은 쉬운 쪽이 아니라 재미있는 쪽을 선호하는 동물이기 때문입니다. 그래서 하위징아(Johan Huizinga)는 인간을 '유희하는 동물(Homo Ludens)'이라고 불렀던 것입니다. 만약 다른 조건들이 동일하다면, 여러분도 필경 쉬운 쪽보다는 어렵더라도 재미있는 쪽을 선택할 것입니다. 물론 쉬운 쪽을 선택하는 경우도 있을 것입니다. 하지만 쉬운 쪽을 선택했다면 명심하십시오. 쉽게 가는 수업을 선택한 여러분은 반드시 교실 밖에서, 교육활동이 아닌 곳에서라도 뭔가 재밋거리를 찾아야 하며, 그렇지 못할 경우 여러분의 인생은 너무 길고 지겹고 의미 없을 것입니다. 설사 교실 밖에서 재밋거리를 찾았다 할지라도 그것은 미봉책에 불과합니다. 교사는 하루의 깨어 있는 시간 대부분을 좋든 싫든 교실에서 보내야 합니다. 그런데 그 교실에서의 시간을 재미는 없지만 편하게 돈 버는 시간으로, 즉 수단으로만 여기는 인생이라면 얼마나 불행하고 답답하겠습니까?

그러니 가장 이상적인 선택은 역시 힘들고 어렵더라도 교실에서 재미있는 삶을 꾸려 나가는 것입니다. 그런데 이걸 오히려 두려워하는 교사들도 있습니다. 누구의 간섭도 없이 홀로 교실에 던져진 상황을 마치 학생들 앞에서 발가벗겨진 것 같다고 느낍니다. 그래서 한사코 자신의 실제 모습을 들키지 않으려고 여러 가지 인위적인 갑옷을 뒤집어씁니다. 그 갑옷에는 흔히 찾아볼 수 있는 자신의 성격(Personality)도 있고, 교육과정, 교과서, 각종 규정과 절차, 문화적·인습적 도구도 있습니다.

사실 그 두려움은 느껴 보지 않은 사람이 결코 이해할 수 있는 성질의 것이 아닙니다. 10년차 교사도 학생들 하나하나와 눈을 맞추는 것을 어려워합니다. 말하자면 학생들과 인간 대 인간으로 소통하는 것처럼 어렵고 두려운 일이 없다는 것입니다. 그게 뭐 그렇게 어렵냐고요? 세계적인 대안학교 모델로 불리는 프레네 학교의 교수법이 특별한 것 없이 그저 학생들과 개별적으로 인사하는 데서 시작하는 것이라는 게 그 증거입니다. 요즘 너도 나도 부러워하는 핀란드 교육도 별다르지 않습니다. 교사와 학생의 면대면 관계가 강화된 것에 불과합니다.

그러니 학생들 앞에 서는 것이, 학생들 앞에서 자신으로서 서는 것이 두렵다 하여 특별히 부끄러워할 필요는 없습니다. 많은 교사들, 아니 거의 대부분의 교사들이 학생 개개인과 내면과 내면으로 마주 서는 것을 두려워합니다. 자신의 내면이 드러나는 것을 두려워합니다. 만약 우리나라 교육에 문제가 많다면, 여러분 또한 영락없이 그 문제 많은 교육의 소산일 것입니다. 따라서 여러분은 수줍고 문제 많은 교사일 것입니다. 그렇기 때문에 여러분은 그런 여러분을 바꾸어 나가야 하며, 그러면서 문제 많은 교육을 바람직한 교육으로 바꾸어 나가야 하는 것입니다.

재미있는 인생을 위한 각오

그런 각오가 되어 있는 교사는 교실 안에서의 시간을 자신의 성장을 즐기는 시간으로 사용할 수 있을 것입니다. 그 시간은 힘들지만 매우 재미있는 시간이 될 것입니다. 그리고 필경 교실에서 그런 시간을 즐길 수 있는 교사는 교실 밖에서도 기꺼운 성장의 시간과 경험을 스스로 만들어 낼 것입니다. 그런 교사들이라면 교실 밖에서는 같은 교육적 고민을 가진 교육자들과 교류하며 네트워크를 형성할 것이며, 또 자기 분야의 전문가들과 지식을 교류하면서 자신의 공통성을 확장시켜 나갈 것입니다.

그런데 문제는 이런 일들은 시작하기 어렵다는 것입니다. 어려울 뿐 아니라 무엇을 해야 할지 두려움을 주며, 다른 사람들과의 전면적인 관계 맺음에 이르기 전까지 수줍음의 벽도 몹시 두텁습니다. 하지만 이 벽을 넘어서고 나면 진정한 의미의 행복이 시작됩니다. 이런 즐거움을 깨달은 사람은 어떤 경우에도 주색잡기나 수다 떨기 따위에 시간을 허비할 수 없을 것입니다. 시간이 아까워서 아마 몸서리를 치게 될 것입니다.

인생은 고달픕니다. 더더군다나 일을 하면서, 아니 좀 더 직설적으로 말하자면 생계를 해결하면서도 이런 경험을 할 수 있는 직업은 정말 몇 없습니다. 그런데 그 귀한 직업을 가지고서 그 기회를 허무하게 포기한다면 이 얼마나 애석한 일이겠습니까?

물론 다른 대부분의 현대인들도 그렇게들 삽니다. 그들은 '목구멍이 포도청'이라 하는 수 없이 일하며, 일하는 시간이 아니라 일이 끝난 다음부터야 비로소 자신의 행복을 찾기 위한 별도의 활동을 모색합니다. 하지만 불행히도 그런 활동을 하기 위한 시간은 너무 부족하며, 또 퇴근 후에는 이미 너무 지쳐 있기 일쑤입니다. 그래서 그들은 TV, 게임, 음주, 노래방, 수다 따위의 노력 없이 순간적인 즐거움을 주는 활동에 그나마 얼마 남지 않은 시간과 체력을 소진하면서 점점 퇴행의 길을 걸어갑니다.

더욱 불행한 것은 이런 퇴행적인 활동을 하면 할수록 능동적으로 즐거움을 느낄 수 있는 능력이 감퇴되고, 즐거움을 추구하는 영역도 축소된다는 것입니다. 그리하여 마침내 저급한 오락물이 아니면 아예 즐거움을 느끼지 못하게 되어 버리고 맙니다. 이런 인생은 무의미하고, 한탄스러우며, 짧습니다. 적어도 인간에게는 능동적으로 즐거움을 추구할 능력이 있으며, 이런 능력을 발휘하면 할수록 인생은 풍성해지고 행복해집니다.

우리는 종종 사람들이 부러워할 정도로 엄청난 부를 누림에도 허무감과 고독감을 이기지 못해 스스로 자신을 망치는 사람들을 보곤 합니다. 반면에 평생 한 평 반 남짓한 방 안에서만 살았던 스피노자가, 같은 시간 베르사유궁전에 살았던 루이 14세보다 결코 더 가난하게 살지 않았다는 말도 듣습니다.

이런 점들을 감안하면 교사라는 자리는 능동적으로 즐기는 재미있는 삶과 경제적으로 안정적인 삶을 모두 누릴 수 있는 상당히 귀한 자리입니다. 일 그 자체가 여가일 수 있으며, 또 문자 그대로의 여가 역시 비교적 넉넉한 편입니다. 물론 그 여가시간을 일을 준비하기 위해 사용한다면 더욱 즐거울 것입니다. 교사들은 이런 여가시간과 또 즐거운 교육활동이 이루어지는 시간 동안 자신의 지성과 감수성을 계속해서 계발하여 행복을 얻는 능력을 더욱 증진시켜 나가야 할 것입니다.

열한 번째 편지

"교사는, 특히 한국의 교사는 근대 자본주의가 만들어 낸 대부분의 근대적인 직업들보다 훨씬 유리한 위치에 있습니다. 교직은 그 행위 자체가 언제나 무엇인가를 내어 주는 직업입니다. 그 내어 줌은 지식일 수도 애정이나 관심일 수도 혹은 정말 단순한 신체적 노고일 수도 있습니다. 교사는 예측불허의 내어 줌에 늘 직면하는 그런 직업입니다. 게다가 해마다 그 내어 줌을 받을 학생들도 바뀝니다. 교사는 늘 대상을 바꾸어 가면서 내어 주고 봉사하는, 그러면서도 섭섭하지 않을 정도의 수입도 보장받는 그런 직업입니다."

행복한 교사를 위한
증여의 경제학

교사가 좋은 직업인 까닭은 봉사를 실천하면서도 생업으로 삼을 수 있기 때문입니다. 너무 고리타분하다고요? 물론 어떤 사람에게는 이게 전혀 장점으로 여겨지지 않을 수도 있겠습니다. 흔히 봉사라는 행위는 나에게 있는 좋은 것을 혹은 나의 노력과 수고를 상대방에게 내어 주는 것이기 때문에 특별히 곱고 훌륭한 심성을 갖지 않은 사람에게는 도리어 고역으로 여겨지기 십상입니다. 그래서 많은 사람들은 봉사를 훌륭한 일이기는 하지만 평범한 자신과는 무관한 일, 그러니까 마더 테레사 같은 사람이나 하는 일로 치부합니다.

하지만 이는 지극히 편협하고 그릇된 인간관에 서 있기 때문에 나타나는 병폐입니다. 수백 년 전 홉스(Thomas Hobbes)가 설파한 바 있는 고독하고 이기적이고 타산적인 인간관, 태초에 혼자였으며, 타인을 이익 추구의 대상이나 잠재적인 탈취자나 적으로 여기는 그런 인간관 말입니다.

이런 인간관은 흔히 개인주의니 자유주의니 하는 그럴듯한 이름을 하고서 여러분이 열심히 공부했을 주류 경제학을 통해 우리 저변에 의외로 깊게 스며들어 있습니다. 심지어는 이런 이기적이고 냉혹한 인간을 도리어 '쿨하다', '엣지 있다'라고 부르면서 동경하고 반면에 따스하고 동정심 많은 인간을 구리고, 위선적이라고 보는 고약한 풍토까지 퍼져 있는 게 안타까운 현실입니다.

그래서 누군가가 타인에 대한 관심과 공동체 등에 대해 말하면 나오는 반응이 매우 냉소적입니다. '경쟁과 이익 추구는 인간의 본성인데, 그런 이상적이고 꿈같은 소리를 한다'는 핀잔을 듣기 일쑤인 것입니다. 오히려 자기 이익을 당당하게 내세우는 사람이 꾸밈없다는 칭찬을 듣기도 합니다.

하지만 과연 그럴까요? 이기적인 사람은 현실적이고 실속 있는 사람이며, 공동체와 타인을 생각하는 사람은 몽상적이고 위선적인 사람에 불과한 것일까요? 과연 무엇이 허구이고, 무엇이 현실일까요? 고독하고 냉철한 개인이 허구적 존재일까요, 아니면 타인들 속에서 살아가는 공동체적 존재가 다만 이상에 불과한 것일까요?

근대의 신조어 '개인'

일찍이 홉스의 사상을 비판적으로 계승한 루소는 이기적 개인이란 인위적인 상상에서나 존재할 수 있는 허구에 불과하다고 단언했습니다. 이기적 개인들이 각자 자기 안전을 보장받기 위해 서로 합의하에 사회를 만든 것이 아니라, 인간은 처음 존재할 때부터 사회 속에 있었다는 것입니다. 개인이 모여서 사회를 이루는 것이 아니라 사회 속에서 자아를 자각하면서 개인이 나타난다는 것입니다. 이것은 루소의 개인적인 생각이나 상상이 아닙니다. 실제 여러 생물학적·심리학적 사실이 이를 증명해 주고 있습니다. 우리가 낯설어 해야 하는 부자연스러운 말은 사회 또는 공동체가 아니라 오히려 개인입니다.

실제로 19세기 말 아시아와 라틴아메리카의 원시 부족을 탐사했던 서양의 인류학자들은 이들에게 '개인'을 뜻하는 단어는 물론 심지어 그것에 해당되는 관념이나 생각 자체도 존재하지 않음을 보고 놀랐습니다. 원시 부족까지 갈 것도 없습니다. 우리나라만 하더라도 '개인'이라는 단어의 역사는 백 년 남짓밖에 되지 않습니다. 그나마 우리말이 아니라 일본어입니다.

이 '개인'이라는 말은 1862년 메이지 유신 직후 서양의 문물을 적극적으로 받아들이려고 노력했던 일본의 지식인들이 서양의 'Individual'을 옮긴 말입니다. 물론 일본어에도 '개인'이라는 단어는 없었습니다. 그래서 일본의 개화파 지식인들은 이 'Individual'에 해당되는 적절한 번역어를 찾지 못해 고생했습니다. 한국·일본·중국을 포함하여 동양에는 완전히 자주적이고 자족적인 한 사람이라는 개념 자체가 없었던 것입니다. 그래서 이들은 인간 각개, 개개별별, 개별적 인간 등 무수한 용어를 통해 이 말이 뜻하는 바를 표현하려고 애쓰던 끝에 '개인'이라는 신조어를 거의 억지로 만들었습니다.

이 두 가지 사례가 보여 주는 사실은 '개인'이라는 개념이 인간의 자연스러운 상태가 아니라 서양, 그것도 근대 서양의 소산이라는 것입니다. 개인주의는커녕 홀로 있는 개인이라는 생각 자체도 존재하지 않았던 것입니다. 심지어 서양에서도 17세기 이전에는 개인이라는 용어는 물론 그것에 해당되는 관념조차 제대로 잡혀 있지 않았습니다.

그런가 하면 서양철학의 뿌리라 할 수 있는 아리스토텔레스는 '인간은 본질적으로 폴리스를 이루는 동물이다'라고 말했습니다. 이 말은 '인간은 사회적(혹은 정치적) 동물'이라고도 번역됩니다. 인간은 당연히 어떤 공동체 속의 존재이지, 공동체 밖에 나 홀로 떨어져 있는 존재가 아니라는 것입니다. 폴리스, 즉 공동체를 떠나서도 존립할 수 있는 존재는 아리스토텔레스의 말을 빌리면 '인간 이하의 존재(야수)이거나 아니면 인간 이상의 존재(신)', 한마디로 비인간일 것입니다.

내어 줌의 풍습

프랑스의 사회학자 모스(Marcel Mauss)는 자기 것인 '재산'을 지키고자 하는 개인들 간의 합의에 의해 사회계약이 수립되었다는 계몽 사상가들의 생각을 뒤집어 오히려 자기 것을 내어 주는 '증여'가 사회를 구성하고 유지하는 기본 원리라고 하였습니다. 즉 사회는 서로가 자기 것을 지키기 위해 구성한 계약체가 아니라 서로 상대가 필요로 하는 것을 내어 주다 보니 발생하게 된 증여의 관계망인 것입니다.

사실 자본주의의 꽃이자 기반이라고 할 수 있는 거래나 교환 역시 애덤 스미스(Adam Smith)의 말처럼 '이익 동기'보다 '증여 동기'에서 형성되었을 가능성이 더 큽니다. 누군가가 일단 먼저 내어 주려고 할 때 비로소 교환이 시작되는 것이지, 가져가려는 생각이 먼저 실현된다면 교환이 아닌 약탈이 자행되었을 것이기 때문입니다.

인류학의 거장 레비스트로스(Claude Lévi-Strauss)는 여기서 한

발 더 나아가 이러한 증여─교환 행위가 전체적으로 균형을 회복하는 형태로 이루어지고 있음을 발견했습니다. 즉 상호 교환 시 흔히 생각하는 것처럼 이윤을 남기려고 하는 것이 아니라 가족·공동체·자연의 전반적인 균형을 생각한다는 것입니다. 그리하여 넘치는 쪽은 모자라는 쪽에 내어 주는 것이며, 다시 넘치는 쪽이 바뀌면 반대로 내어 주는 것입니다.

먼 옛날 아니면 원시 부족들한테나 통하는 이야기라고요? 천만에요. 심지어 근대 시장경제의 원리도 경쟁이 아니라 바로 균형입니다. 자본주의의 신인 보이지 않는 손이 빚어내는 최종 결과가 무엇인가요? 다름 아닌 균형가격과 균형거래량입니다. 그런데 이 시장균형상태란 소비자 잉여와 공급자 잉여가 일치한 상태, 즉 그 누구도 상대방에 대해 더 이득 보는 것이 없는 상태라는 뜻입니다. 소비자는 치러야 할 값에서 조금도 깎지 못하고, 판매자는 받아야 할 값에서 한 푼도 더 받지 못하는 상태가 바로 이 시장균형상태입니다.

애덤 스미스는 각자가 자기 이익 동기에 충실했음에도 불구하고 이런 결과가 나왔다고 설명하고 있습니다. 하지만 이보다는 애초에 인간은 상호 간 주고받음에서 균형을 추구하는 경향이 있다는 설명이 더 현실적이지 않을까요? 그러니까 무자비하게 자기 이익만 추구하는 것이 아니라 상대방의 이익과 손실에도 관심을 가지는 본성이 있는 것은 아닐까요? 그래서 야구 경기에서도 큰 점수 차로 앞서고 있을 때는 번트 작전을 자제하거나, 홈런을 쳐도 요란하게 세리머니를 하지 않는 것입니다.

인간의 이런 균형 감각과 내어 줌의 풍습은 심지어 돈 밝히기로 유명한 유태인들에게서도 나타납니다. 바로 그들이 거룩하게 여기는 안식일이 그것입니다. 안식일의 규칙은 크게 둘로 구성됩니다.

① 일하지 말라, 즉 생산하지 말라
② 남는 것을 이웃에게 나누어 주라

'생산하지 말라'는 것은 재산을 더 늘리지 말라는 것이며 '이웃에게 나누어 주라'는 것은 잉여를 남기지 말라는 것입니다. 즉 일주일 동안 열심히 노동하여 일용할 양식을 얻고, 만약 남는 것 즉 플러스알파가 발생하면 더 이상의 노동을 중단한 상태에서 이웃에게 나누어 주어 플러스를 영(0)으로 맞추라는 것, 그래서 매주 첫날은 다시 무(無)에서 출발하라는 것입니다.

만약 이런 식의 생각이 잘 이해되지 않는다면 이는 여러분이 근대적 가치관에 너무 깊게 고착되어 있기 때문입니다. 근대 이전에는 도리어 잉여를 남기고 축적하려고 하는 성향을 이해하지 못했고, 그런 사람을 '수전노'라고 불렀습니다.

이 정도쯤 해 두면 이익 동기, 이기적 동기가 아니라 내어 줌 이야말로 오히려 우리 인간의 본성에 더 가까움을 이해할 수 있을 것입니다. 내어 줌은 인류의 진화 과정에서 매우 중요한 적응적 기능을 합니다. 서로 먹이를 다투는 이기적인 포유동물은 매우 많지만, 처음 만난 타인에게 도리어 먹이를 내어 주며 호의를 청하는 동물은 영장류 중에서도 사람을 제외하면 거의 찾아보기 어렵습니다. 이를 통해 인간은 고독을 떨치며, 자신이 단절된 개체가 아니라 거대하게 연결된 공동체의 힘을 공유하고 있음을 느끼는 것입니다. 다른 동물들은 자신의 힘으로 살아남아야 하지만, 인간은 인류라는 전체의 힘을 공유하며 살아남는 것입니다. 이 모든 것이 바로 내어 줌의 힘입니다. 그래서 사람에게 내어 줌은 본성에 맞는 행동이며 항상 그 뒤에는 행복감이 따르는 것입니다.

이때 이 내어 줌의 실체가 사물이면 증여, 노력이나 노동력이면 바로 봉사입니다. 봉사는 고역이 아니라 즐거운 내어 줌이며 나를 더 힘 있게 만드는 그런 내어 줌입니다. 그래서 중세의 기사들은 자신의 주군에게 "I'm at your service"라고 말한 뒤 "It's my pleasure"라고 했던 것입니다. 당신에게 봉사함이 나의 즐거움이라는 뜻인데 이건 결코 주군 듣기 좋으라고 한 빈말이 아니었을 것입니다.

인생의 맛을 돋우는 증여 함수

봉사할 상대가 없는 사람의 인생이 어떠할지 상상해 보십시오. 어쩌면 우리를 짜증나게까지 만들었던 부모님의 한없는, 그리하여 귀찮기까지 했던 간섭, 부모 마음이라는 이름으로 합리화되었던 집착의 어두운 면이 바로 여기에 뿌리를 내리고 있습니다. 끊임없이 누군가에게 봉사해야만 하는, 그렇지 않으면 고독해지고 뿌리가 없어지는 인간의 운명이 바로 여기서 그 모습을 드러내는 것입니다.

이때 봉사할 상대가 없거나 기껏해야 가족의 테두리를 벗어나지 못하는 사람의 인생은 앙상하고 고독합니다. 이 고독은 우울증과 자살을 가져오거나, 아니면 소수의 봉사 대상에게 과도하게 매달리는 강박적 집착을 가져올 것입니다.

1970년대에 베티 프리단(Betty Friedan)이 간파한 '단란한 가정과 이웃을 가진 여성들'을 별안간 엄습했던 그 우울증과 공허함의 근원이 바로 여기 있습니다. 가족과 몇 안 되는 이웃은 이제 더 커지는 봉사 욕구를 감당하기에 너무 좁은 틀이 되었고, 그 여성들에게는 '사회'라는 이름의 무한히 확장되는 거대한 봉사 대상이 필요했던 것입니다.

아리스토텔레스는 인생의 목적은 행복이며, 행복이란 본성에 맞게 사는 것이라고 했습니다. 이때 아리스토텔레스는 생각하는 동물로서의 인간, 그리고 공동체적 동물로서의 인간을 염두에 두었을 것입니다. 즉 사색하는 삶, 그리고 공동체의 일에 참여하는 삶이 충만할 때 비로소 인간은 행복해지는 것입니다. 이때 봉사하는 삶은 바로 참여하는 삶의 핵심이 됩니다. 즉 행복의 핵심인 것입니다. 봉사하는 삶은 풍성하며 행복합니다.

행복! 그것은 인생이라는 요리를 공들여 씹으며 맛볼 때 느껴지는 풍만감이 아닐까요? 그래서 고대 그리스의 현자 솔론은 인생을 충분히 다 산 다음이 아니고서는 행복을 운운하는 것이 아니라고 말했을 것입니다.

물론 저는 인생의 맛을 알 만큼, 행복을 운운할 만큼 충분히 살았다고 생각하지는 않습니다. 하지만 다른 사람들보다는 비교적 풍성하고 즐거운 인생을 살았다고 생각합니다. 그것은 제가 박사 학위를 가지고 있거나, 아니면 재산이 많아서가 아닙니다. 저보다 더 높은 학력과 더 많은 재산을 가진 사람 중에서도 저보다 앙상한 인생을 살고 있는 사람을 수없이 찾을 수 있습니다. 그런 사람들보다 제가 더 풍성한 인생을 살았다고 자부할 수 있는 이유는 바로 다음의 수식 때문입니다.

$$A = f(QG^k \times QP^k)$$

여기서 A는 인생의 풍성함, QG는 증여할 수 있는 것, QP는 증여할 상대방, 그리고 k는 종류를 의미합니다. 즉 인생의 풍성함은 증여할 수 있는 것의 종류 또 증여할 상대의 종류와 함수관계라는 것입니다. 인생은 내가 증여할 수 있는 것의 종류가 많아질수록, 내가 증여할 상대가 많아질수록 풍성해집니다. 단순히 양(Q)이 아니라 종류(k)와의 함수관계라고 말한 것에 주목하십시오. 아무리 내가 증여할 것과 증여받을 상대를 많이 보유하고 있다 하더라도 그 종류가 얼마 되지 않는다면 경제학에서 말하는 한계효용체감의 법칙이 작용하게 될 것입니다. 즉 기부도 한두 번이지 자꾸 하면 같은 금액을 기부했을 때 얻을 수 있는 행복감이 점점 줄어들게 되는 것입니다. 해서 그 효과는 점점 저감되어 마침내 증여하지 않는 고독한 상태로 돌아가고 말 것입니다.

예를 들어 가진 것이 돈밖에 없는 사람이 있다고 합시다. 그는 다른 사람에게 돈을 내어 줌으로써 기쁨을 얻겠죠. 또한 그에게서 무엇인가를 받아 가는 사람 역시 돈이 필요한 사람들로 한정될 것입니다. 그렇다면 이 사람은 기부를 아무리 많이 하더라도 어느 수준 이상이 되면 허무와 공허 속에 빠지고 말 것입니다. 그러나 내어 줄 것의 종류가 다양한 사람은 그만큼 다양한 사람들과 관계를 맺게 될 것입니다. 돈이 필요한 사람, 지식이 필요한 사람, 애정이 필요한 사람, 관계가 필요한 사람 등등. 이렇게 다양한 사람들과의 관계망 속에 있을 때 우리는 비로소 사회에 있음을 느끼게 되며, 퍼트넘(Robert David Putnam)이 말했던 '사회적 자본'이 축적되고 있음을 느끼게 됩니다. 이렇게 구축된 관계망과 기쁨의 네트워크는 유연하면서 쉽게 소진되지 않습니다. 어느 한 종류의 자원이나 관계에서 문제가 발생해도, 그는 금방 다른 자원과 관계에서 자신의 사회성을 충족시킬 수 있습니다. 이는 마치 오늘날 유행하고 있는 네트워크 조직과 같습니다.

반면 타인에게 증여할 것이 돈밖에 없는 사람은 수입이 줄어듦과 동시에 인간적으로도 위축됩니다. 오직 지식밖에 없는 사람은 자신의 학설이 낡은 것이 되거나, 기억력이나 지력이 감퇴하면 위축됩니다. 그리하여 돈이나 지식이 거의 소진됨과 동시에 그토록 풍성했던 그의 인생도, 그의 관계망도 모두 찌그러들고 맙니다.

'정승 댁 개가 죽으면 사람이 몰려들어도, 정승이 죽으면 아무도 찾지 않는다'는 속담이 공연히 나온 것이 아닙니다. 하지만 만약 그 정승이 가진 것이 권력 외에도 다양하게 있었고, 권력을 바라보는 사람들 말고도 다양한 종류의 사람과 관계망을 만들었다면 과연 그러했을까요? 내어 줄 것과 그것을 받을 사람의 종류가 다양한 사람은, 그리하여 다양성의 그물망 속에 있는 사람은 그중 어느 것을 상실하더라도 금세 그것을 보완하는 새로운 가치와 관계망을 엮어 냅니다.

이런 점에서 교사는, 특히 한국의 교사는 근대 자본주의가 만들어 낸 대부분의 근대적인 직업들보다 훨씬 유리한 위치에 있습니다. 교직은 그 행위 자체가 언제나 무엇인가를 내어 주는 직업입니다. 그 내어 줌은 지식일 수도 애정이나 관심일 수도 혹은 정말 단순한 신체적 노고일 수도 있습니다. 교사는 예측불허의 내어 줌에 늘 직면하는 그런 직업입니다. 게다가 해마다 그 내어 줌을 받을 학생들도 바뀝니다. 교사는 늘 대상을 바꾸어 가면서 내어 주고 봉사하는, 그러면서도 섭섭하지 않을 정도의 수입도 보장받는 그런 직업입니다.

3장
학교를 망친 7가지

열두 번째 편지

"도대체 누가 이렇게 만들었을까요? 안타깝게도 수십 년 동안 교사들 스스로 이렇게 만들어 온 것입니다. 그럼 도대체 교사들이 어쩌다가 이런 상황을 만들었을까요? 이걸 알아내려면 기의 계보학적 탐구가 필요할 것입니다. 만약 푸코가 우리나라 사람이었다면 정신병원이나 감옥이 아니라 학교의 계보학을 연구했을지도 모르지만, 아직 그만한 연구 결과가 나와 있지 않으니 그건 차후의 과제로 남겨야겠습니다."

문서 귀신

지금까지 교사라는 직업의 좋은 점을 이야기했으니 이제부터는 조심해야 할 것들을 좀 말하고자 합니다. 사실 교사는 단점보다 장점이 훨씬 더 많은 직업입니다. 특히 한국적 상황에서 공립학교 교사는 단점은 거의 없고 장점은 무수히 많은 직업입니다. 수많은 젊은이들이 교사가 되고자 멀쩡히 다니던 직장까지 때려치우고 고시낭인이 되는 데에는 다 이유가 있는 것입니다.

자, 그렇다면 우리 교무실의 풍경을 그려 봅시다. 모두가 선망하는 그 좋은 일자리를 차지한 교사들의 모습은 어떠할까요? 그토록 선망하던 직장을 잡았으니 모두 행복하고 여유롭고 즐거워야 하지 않을까요?

　그런데 웬걸요. 전혀 그렇지 않습니다. 얼굴은 딱딱하게 굳어 거의 웃지 않고 늘 뭔가에 쫓기고 있습니다. 행복과는 거리가 먼 표정입니다. 불만스러운 목소리도 여기저기서 들려옵니다. 이런 걸 보면 교사라는 직업도 나쁜 점이 꽤 많은 것 같습니다.

　하지만 여기서 우리는 '나쁜 것'과 '기대에 미치지 못하는 것'을 구별해야 합니다. 즉 교사가 되면 이럴 줄 알았는데 그렇지 않더라는 것은 이 직업의 나쁜 점을 증명하는 사례가 될 수 없습니다. 게다가 교사의 나쁜 점은 직장인·노동자의 나쁜 점과 구별되어야 합니다. 이를테면 쥐꼬리만 한 월급(그게 쥐꼬리인지는 선뜻 동의하기 어렵지만), 불합리한 승진 제도, 관리자의 횡포, 각종 부조리한 관행 속에서 장기판의 졸처럼 취급되며 응분의 존엄성을 확보하지 못하는 문제 따위는 비일비재하지만 그런 것들은 교사라는 직업만의 나쁜 점이라고 할 수 없을 것입니다. 직장 생활이라고 하면 어디서나 겪을 수 있는 일들이며 학교가 다른 직장들보다 이런 것들이 더 심각하다고 볼 수 없고, 도리어 더 가벼운 편이라고 할 수 있으니까요. 교육감이 학교를 방문해도 승진에 관심이 있는 몇몇 교사들이나 교장 따라 교육감 뒤를 졸졸 따라다닐 뿐, 다른 교사들은 소 닭 보듯 하는 곳이 학교입니다. 회장님 한번 떴다 하면 컴퓨터 키보드 청소까지 하는 이름난 대기업들보다는 한결 나은 편이죠.

그럼에도 불구하고 온갖 불만으로 가득한 선배 교사들을 보면 교사 외에 다른 직업을 경험하지 못한 분들이 많습니다. 일반 회사·관공서·언론사 등에서 근무하다가 이런저런 과정을 거쳐서 교사가 된 분들은 저런 종류의 불만을 거의 드러내지 않습니다.

그렇다면 오직 교사가 되었을 경우에만 나타나는 나쁜 점들은 무엇일까요? 그것은 임금이나 승진처럼 눈에 띄는 것들이 아닙니다. 교사의 일상에 스며들어 어느새 슬며시 교사의 가치를 떨어뜨리고 마침내 그를 보람 없는 인생을 사는 좀비로 만들어 버리는 그런 것들입니다. 이렇게 소리 없이 스며들어 교사를 망친다는 의미에서 저는 이것들을 '귀신'이라고 부르겠습니다. 사실 교사의 좋은 점, 특히 실용적인 장점들은 매우 눈에 잘 띄는 반면에 나쁜 점들은 이렇게 귀신같이 스며들기에 잘 드러나지 않습니다. 그래서 교사직의 인기가 하늘을 찌르는 이 한국적인 상황에서 뭣도 모르고 교직에 입직했다가 귀신에 들린 교사는 자신은 물론 학생들까지 망칠 위험이 큰 것입니다.

'일 잘하는 교사'의 모순

신규 교사들이 학교에 처음 부임하면 다음 세 업무를 맞닥뜨릴 것입니다.

① 수업을 담당합니다.

② 학급을 담당합니다.

③ 학교의 각종 행정사무 한 토막을 떼어 담당합니다.

물론 이 중 ①이 교사 본연의 임무임은 자명합니다. ②의 경우는 좀 애매합니다. 경우에 따라서는 이것이야말로 참교사의 일이라고 여기는 분들도 상당수 계십니다. 그러나 막상 학교에서 담임을 맡아 보면(물론 이것은 중등학교의 경우입니다. 초등학교에서는 담임이 바로 교육의 중심이죠) 담임의 업무는 수납과 공고, 학생관리, 자료 입출력 등의 각종 행정업무로 점철되어 있습니다. 학급업무는 교육이라기보다 잡무에 가깝습니다. ③의 경우는 더 말할 것도 없이 쓸모없는 일임이 명백합니다. 이 업무는 대개 교육청에서 날아 오는 온갖 공문서 처리(대부분은 학교의 각종 현황을 조사해서 보고하라는 것들입니다. 그중 상당수는 관료들 자신이 잠깐 살펴보면 알 수 있는 것들입니다), 학교 시설 중 일정 부분에 대한 관리, 학교 일정을 진행하기 위해 필요한 각종 사무(고사 관리, 수업시간표 관리 등), 학생 전출입 관련 사무, 그리고 교육청이나 교육부가 시키는 각종 정책사업 등입니다.

대학을 갓 졸업한 교사는 이 ③번 업무를 접하면서 당황합니다. 이런 일들은 당연히 행정실에서 혹은 교장이나 교감이, 그것도 아니면 부장들이 담당할 것이라고 생각했기 때문입니다. 그러나 한국에서는, 아니 사실상 한국에서만 이런 업무를 교사들이 나누어 담당합니다. 이 업무는 교사의 법정 업무가 아니며, 도대체 어떤 근거에서 이런 업무들이 교사에게 배당되었는지도 상고할 길이 없습니다. 법에 따르면 교사의 업무는 '법령이 정한 바에 따라 학생을 교육한다'라고 되어 있을 뿐입니다. 그 외의 어떤 일도 교사의 업무로 규정되어 있지 않습니다. 반면 행정직원은 '행정업무 및 기타 사무를 담당한다'라고 명시되어 있습니다. 따라서 교사가 한 토막, 두 토막씩 나눠서 담당하고 있는 각종 행정업무는 모조리 행정직원이 전담해야 하는 그런 일들입니다. 물론 현재 학교의 행정실 인력으로 이 일들을 전담하기는 쉽지 않겠지만, 이는 행정 인력을 더 채용해서 해결할 부분입니다.

물론 교장과 교감도 이 업무를 담당해서 수행해야 합니다. 교육법에 따르면 교장은 '학생을 교육하며, 교무를 통할한다'라고 되어 있고, 교감은 단지 '교장을 보좌하고 교장 유고시 그 직을 대행하며, 교무를 관리한다'라고 되어 있기 때문입니다. 따라서 법에 따르면 행정사무를 담당하도록 규정된 교직원은 교장, 교감, 그리고 행정직원뿐입니다. 흔히 학급담임 업무의 대명사로 알려진 학생생활기록부의 작성자도 법적으로는 엄연히 학교장으로 되어 있습니다. 그러니 교사들은 학교장이 통할하고 교감이 도와 행정실장 및 행정직원들이 담당하도록 되어 있는 각종 문서작업을 바쁜 연구 시간을 쪼개 가며 대신해 주고 있는 셈입니다.

도대체 누가 이렇게 만들었을까요? 안타깝게도 수십 년 동안 교사들 스스로 자초한 것입니다. 그럼 도대체 교사들이 어쩌다가 이런 상황을 만들었을까요? 이걸 알아내려면 거의 계보학적 탐구가 필요할 것입니다. 만약 푸코가 우리나라 사람이었다면 정신병원이나 감옥이 아니라 학교의 계보학을 연구했을지도 모르지만, 아직 그만한 연구 결과가 나와 있지 않으니 그건 차후의 과제로 남겨야겠습니다. 그냥 여기서는 비유를 통해 설명해 보려 합니다.

어떤 중학교에 A라는 교사가 있다고 합시다. 필경 이 교사는 세 가지 차원의 지위를 가질 것입니다. 우선 교과수업을 담당하는 교과담임입니다. 국어과라고 합시다. 다음은 학급담임입니다. 2학년 2반 담임이라고 합시다. 그리고 세 번째는 소위 교무분장입니다. 예를 들면 교무기획부 수업계, 이렇게 불리는 일입니다. 따라서 교사A의 일은 국어를 가르치는 일, 학급담임으로서 해야 하는 행정사무인 출석부 정리와 생활기록부 관리, 그 외 각종 수납·조사·통계 등등의 일, 그리고 수업계로서 학교 시간표를 짜고, 수업을 배당하고, 결보강을 처리하고, 시간표를 변경하는 등의 일 이렇게 세 차원이 될 겁니다. 이때 교사A는 어떤 일을 가장 중요하게 다루어야 할까요? 물론 정답은 국어 수업입니다. 사실상 그것만이 법에 의해 교사가 담당하도록 정해져 있는 업무이며, 또 교원양성대학에서 가장 많은 시간동안 준비했던 일이며, 그걸로 임용고시를 준비하고 통과했기 때문입니다.

그러나 유감스럽게도 현실은 그렇지 않습니다. 왜냐하면 인간은 의외로 주체적이지 않아서 타인의 평가와 반응에 의해 자아를 형성하기 때문입니다. 쿨리(Charles Horton Cooley)와 미드 같은 사회학자가 말한 '거울자아' 말입니다. 물론 모든 타자의 평가나 반응이 자아에 영향을 주는 것은 아닙니다. 그 타자는 교사A에게 의미 있는 타자라야 합니다.

그런데 젊은 교사에게 학교에서 의미 있는 타자 역할을 하는 대상은 단연 교장, 교감, 그리고 부장교사들일 것입니다. 물론 1980년대를 거쳐 온 386세대 교사들은 새파란 신규 교사 시절부터 '부정부패에 찌들고 독재에 협력한' 교장·교감 들을 거의 시정잡배 취급했기 때문에 그들의 평가에 연연해 하지 않는 버릇이 들어 있지만, 2000년대 이후에 교직에 입직한 젊은 교사들에게 이런 패기 혹은 오만함을 기대하기란 어렵습니다. 유감스럽게 교장·교감은 그때와 마찬가지인데 젊은 교사들만 그만 양순해지고 말았습니다.

그런데 수업은 교장·교감 들이 평가하기 어려운 영역입니다. 우리나라 교장·교감의 수업 전문성은 놀랄 정도로 빈약합니다. 이는 그들이 학생 교육보다는 승진 점수에 더 많은 신경을 쓰며, 교사이기보다는 행정직이기를 갈망하며 한평생을 살아온 경우가 많기 때문입니다. 심지어 그들 중에는 형편없고 무성의한 수업과 억압적이고 반인권적인 학생 처우로 악명을 떨쳤던 분들도 있습니다. 심지어 그분들은 자신들이 그렇다는 것도 잘 알고 있습니다. 따라서 그들은 교사가 수업을 잘하는지 못하는지에 대해서는 관심이 없습니다. 그저 시간 빼먹지 않고, 진도 또박또박 나가고, 학생들이 소란스럽지 않으면 그걸로 충분합니다.

하지만 각종 공문서 처리나 행정업무는 그렇지 않습니다. 법적으로 보면 각종 서류작업이나 행정사무는 교장·교감이 해야 할 일들을 교사가 나눠서 해 주는 것입니다. 사소한 분기별 보고 공문에서부터 크게는 가장 중요한 공문서인 학생생활기록부에 이르기까지 모든 학교 문서의 작성자 및 책임자는 학교장입니다. 여기서 잘못이 발생할 경우 그 책임은 교장·교감이 지게 되어 있습니다. 따라서 교장·교감은 교사A의 수업과 학생지도가 아니라 각종 행정사무를 우선시할 수밖에 없습니다.

즉 국어교사, 2학년 2반 담임으로서가 아니라 교무기획부 수업계로서의 각종 행정사무를 어떻게 하고 있느냐에 온 관심을 기울인다는 것입니다. 이런 일들을 잘해야 '일 잘하는 교사'로 칭찬을 듣습니다. 국어수업에 어떤 수업모형을 적용했는가, 그 효과성과 능률성은 어떠한가 따위는 거기에 대면 사소한 문제로 취급됩니다. 심지어 교사A가 새로운 수업모형을 개발해서 학회에 발표해도, 수업계로서 행정사무를 제대로 못하면 '무능한 교사'로 낙인찍히는 것입니다.

문제는 이런 일이 반복되다 보면 교사들이 자기도 모르게 이런 교장·교감의 가치관을 내면화한다는 것입니다. 그래서 일의 경중을 행정사무 1순위, 학급업무 2순위, 수업은 3순위로 매기게 됩니다. 말은 아니라고 해도 실제 일이 닥칠 경우 행정업무를 위해 수업을 등한시하는 교사는 많지만, 수업을 위해 행정업무를 미루는 간 큰 교사는 찾아보기 어렵습니다. 게다가 대부분의 교사들은 '나쁜 의미에서' 착실한 모범생 출신입니다. 그래서 맡겨진 일과 해야 할 일에 대해 비판적으로 성찰하기보다는 시키는 일을 잘하는 데 체질화되어 있습니다. 그래서 웃어른이 시킨 일이라면 뭐든지 성실하게 해야 한다고 생각하며, 머리로는 아니라고 하면서도 마음으로는 차마 거부하지 못하고 각종 행정 잡무를 꼼꼼하고 성실하게 수행하는 것입니다.

하지만 명심하십시오. 담당계라는 이름으로 맡겨진 각종 행정사무, 그리고 교육적인 일인 양 탈을 쓰고 있지만 실상은 행정

잡무가 대부분인 학급담임의 온갖 허접스러운 사무를 꼼꼼히 성실하게 수행하면서 동시에 수업도 훌륭하게 해낼 수 있는 방법은 없습니다. 저 행정사무라는 것들이 교사의 시간도 시간이지만 교육자로서의 성품도 빼앗아 가기 때문입니다.

행정사무를 꼼꼼하게 수행하다 보면 수행자의 인격도 행정적이 됩니다. 각종 행정사무를 꼼꼼히 주어진 대로 수행하는 마음은 모든 것들을 고정된 대상으로 바라보는 마음이며, 모든 것들을 주어진 지침에 따라 구획하고 위계 짓는 마음입니다. 마음은 누적된 경험의 소산입니다. 그러니 사무적 경험을 계속하면 사무적 마음을 가지게 되는 것입니다. 이런 관료의 마음은 살아 성장하고 약동하는 어린이와 청소년을 상대하는 교육자의 마음과 결코 양립할 수 없습니다. 어린이와 청소년은 성장하고 발달하는 존재이며 미래형이기에 현재의 상태를 기준으로 구획해서도 규제해서도 안 됩니다. 교육자에게 필요한 마음은 학생들의 창조성을 위해 다소간의 모순된 결과나 어긋남을 포용할 수 있는 여유 있고 유연한 마음이며, 또 학생들의 성장과 함께 자신도 기꺼이 변할 수 있는 진취적인 마음입니다. 이런 마음을 가지고 있는 사람에게 딱딱하고 획일적이고 규제적인 행정사무를 하라고 한다면 스트레스와 짜증, 그리고 무력감을 느끼지 않을 수 없는 것입니다. 이 두 일은 애초에 서로 상극이며 동시에 잘 할 수 있는 종류의 것이 아닙니다. 그래서 학교에 교사가 있고 행정직이 있는 것이고, 교사의 일과 행정직의 일이 따로 있는 것입니다.

영혼 없는 전문가가 되지 않기 위해

저는 제대로 교육을 하고자 하는 교사라면 이런 행정사무는 거부해야 하며, 거부할 수 없는 상황이라면 공을 들이지 않아야 한다고 생각합니다. 여기에 공을 들이면 들일수록 교사는 자신의 가장 큰 밑천인 자유로운 영혼, 창조적인 힘과 공감의 능력을 차츰 잊어버리고, 그저 문서나 규정 혹은 절차만 따지는 영혼 없는 전문가가 되어 버리고 말 것이기 때문입니다. 발랄하고 창조적인 젊은이가 나이를 먹어 가면서 점점 깐깐하고 꼼꼼하고 답답하기만 한 교사로 변해 가는 것은 정말 가슴 아픈 일입니다. 여러분들은 저런 꼼꼼하고 갑갑한 일들을 여러분의 일이라 생각하지 마시고, 일종의 필요악 정도로 생각하십시오.

일부 미련한 교사들은 그런 일들을 통해서 자신을 인정받고 또 확인하려 합니다. 하지만 아무리 숙달된다고 한들 교사는 행정사무에 관한 한 절대 아마추어 이상이 될 수 없습니다. 교사들 앞에서는 행정전문가처럼 으스대지만 정작 행정고시 출신들 앞에서는 찍소리 못하는 장학사·장학관 들의 모습이 이를 증명합니다. 그러니 그런 일에 매달려 본들 죽도 밥도 안 되는 결과가 되며, 행정전문가들이 구상한 일을 단순히 집행하기만 하면서 마치 행정일에 가담했기 때문에 교사보다 높은 뭔가가 된 듯한 착각에나 빠질 뿐입니다. 사실상 말단 문서작성기로 전락했음에도 불구하고 말입니다.

교사의 가치는 학생들의 역동적인 성장 과정을 이해하며 이들에게 미래의 비전을 보여 주고 함께 나아가는 데 있지, 괜히 문서 쪽수나 늘려서 수십 쪽짜리 보고서를 만들었다고 자랑질이나 하는 데 있지 않습니다.

그래서 저는 교육부나 교육청이 제대로 된 교육을 바란다면 교사에게 수업과 수업을 위한 연구 이외의 일은 일절 부여하지 말아야 한다고 생각합니다. 교사는 수업만 하고, 그 수업을 서포트하는 각종 교무·행정 사무는 교장·교감, 그리고 행정직원들이 전담해야 하는 것입니다. 이게 미국 방식 아닙니까? 왜 그토록 미국을 좋아하고, 미국이 하는 건 다 따라 하느라 어린아이 혓바닥 성형수술까지 하는 나라에서 이것만은 절대 따라 하지 않는지 정말 이해할 수 없습니다.

그렇다면 먼저 교사들이 따라 합시다. 즉 일의 우선순위를 명백히 합시다. 수업에 최선을 다하고, 행유여력이거든 행정사무를 건성으로 합시다. 수업에는 열과 성을 다 쏟으면서 작은 실패도 심각하게 되새기고 부끄러워하며, 행정사무는 마지못해 하다가 실패하거나 망쳐도 부끄러워하지도 걱정하지도 맙시다. 어차피 그런 일들은 부족한 일손을 도와준 것뿐입니다. 도와준 것만으로도 감지덕지지 뭘 더 바랍니까? 교사들이 행정사무에서 점점 무능하고 무성의해져야 비로소 이 분야 역시 전문 영역이라는 것이 사회적으로 인지되고, 교사에게 억지로 떠넘기는 못된 관행이 사라집니다. 교사가 이 일마저 열심히 꼼꼼하게 해치우고 있는데 정부가 왜 군이 돈을 들여 행정전문가를 고용하겠습니까?

명심하십시오. 여러분의 마인드가 규정과 절차를 따진다고 느껴지는 순간, 문서를 꼼꼼하게 따지는 것이 당연한 일로 받아들여지고 위화감이 느껴지지 않는 순간 여러분의 교사 생명은 거의 끝난 것이나 다름없습니다. 심지어 최근의 행정학은 그런 규정과 절차에 얽매이고 문서를 따지는 태도를 부정적으로 바라보며 공무원 조직도 창의적인 네트워크가 되어야 한다고 주장하고 있습니다. 그러니 교사들이야 오죽하겠습니까? 교육혁신·교육혁명, 별거 없습니다. 일단 이것부터 시작해야 합니다. 교사는 가르치는 사람입니다. 그리고 가르치는 일은 학생과의 관계와 이해의 확장에서 확인되는 것이지 절대 문서를 통해 이루어지지도 확인되지도 않는 일입니다.

열세 번째 편지

"고대 그리스인들은 지혜, 절제, 용기를 가장 으뜸가는 덕으로 보았고 이 세 가지 덕이 조화를 이루는 것을 올바름(정의)이라고 했습니다. 그런데 어떻게 해야 이 덕들이 조화를 이룰 수 있을까요? 플라톤은 지혜가 절제와 용기를 인도할 때 그것이 가능하다고 했습니다. 절제와 용기가 발휘될 적재적소를 알아야 이런 덕목들이 빛을 발하기 때문입니다. 그리고 적재적소를 알기 위해서는 지혜의 인도를 받을 수밖에 없는 것입니다."

인성교육

교사는 지식 전달자가 아니라 인성을 기르는 사람이라는 말을 여기저기서 들어 보셨을 것입니다. 그리고 '지식보다 사람 됨됨이가 중요하다', '똑똑하면 뭐하냐 마음 씀씀이가 틀려먹었는데' 등의 말도 적잖이 들어 보셨을 것입니다. 그런 말들 뒤에는 항상 지식 위주의 교육, 입시 교육이라는 공통의 악 때문에 인성교육이 제대로 이루어지지 않는다는 탄식이 이어집니다.

이렇게 인성교육을 강조하는 데는 좌파 우파, 진보 보수의 구별도 없습니다. 사회에 흉악범이 생기거나 이런저런 문제가 발생하면 그 책임은 반드시 학교로 돌아오며, '학교가 인성교육을 소홀히 했다', '학교가 입시학원화되어서 인성을 돌볼 수 없다' 등등의 결론으로 치달아 갑니다.

그러나 이런 말들에 현혹되어선 안 됩니다. 실제로 이런 주장들을 받아들여 학교가 입시교육 대신 인성교육을 하려고 하면 당장 큰 사달이 날 것이기 때문입니다. 다들 시민으로서는 입시보다 인성교육을 강조하지만 학부모가 되면 인성이고 뭐고 입시교육을 욕망하는 것이 우리나라의 현실이니까요. 결국 이런 말들은 학교더러 입시교육은 입시교육대로 하면서 시간을 더 내어 인성교육도 하라는 요구에 불과합니다.

더구나 그 '인성교육'이라는 말속에 숨어 있는 함의도 불순하기 짝이 없습니다. 인성교육이란 말 그대로 인간의 성품을 교육한다는 뜻입니다. 이는 사람을 사람답게 하는 성품을 기른다는 의미인데, 이게 때로는 상당히 위험할 수 있습니다. 사람다움을 도대체 어떻게 정의하며, 누가 정의하느냐는 문제가 발생하기 때문입니다.

사람과 시민

사람다움의 정의가 어렵다는 것은 이미 수백 년 전 루소가 '사람으로서의 훌륭함'과 '시민으로서의 훌륭함'의 차이를 캐물었다는 데서 알 수 있습니다. 그런데 이 물음은 고대 그리스 로마

시대에는 제기되지 않았던 문제라는 점에서 더욱 깊은 복잡성을 드러냅니다. 고대 그리스인에게 이 질문을 던지면 아예 질문 자체를 이해하지 못할 것입니다. 그 시대에는 시민이 아닌 인간은 인간으로 인정하지 않았기 때문입니다.

아리스토텔레스가 '인간은 정치적 동물'이라 한 것은, 시민이 아니면, 즉 정치적이지 않으면 그냥 동물이라는 뜻입니다. 그래서 그는 시민이 아닌 사람, 즉 노예를 '말하는 가축'이라고 불렀습니다. 그는 폴리스 공동체와 무관하게 살 수 있는 존재는 짐승이거나 아니면 신이라고 하면서 인간이 공동체와 뗄 수 없는 관계임을 강조했습니다.

그렇다면 정치적으로 산다는 것은 무슨 의미일까요? 그것은 단지 투표만 하는 것이 아니라 공공의 업무에 종사하는 것을 뜻했습니다. 당시 공공의 업무라고 하면 군인으로 복무하는 것, 어떤 관직을 맡아서 나랏일을 보는 것, 그리고 공공의 의사결정과정, 즉 토론과 표결에 참여하는 것이었습니다.

그런데 이런 업무에 종사하는 데 필요한 언변·논리·행정·무술과 같은 능력은 선천적인 것이 아니기 때문에 배워야만 합니다. 즉 교육이 필요한 것입니다. 스파르타가 되었건, 아테네가 되었건, 혹은 훨씬 나중의 로마가 되었건, 이들 나라에서 인간, 즉 시민이 되려면 '말과 행동'으로 표현되는 수사학과 체육(무술)

을 익혀 공공회의에서 유능한 발언·토론자가 되고 전쟁터에서 용감한 전사가 되어야 했습니다. 이 두 가지 일에 무관심한 사람은 페리클레스의 말대로 '우리와 무관한 자(Idiotes)'라 불리며 요즘 말로 왕따를 당해야 했습니다. 한마디로 사람대접을 받지 못했던 것이죠. 그러니 바보(Idiot)란 말의 어원은 머리가 나쁜 사람이 아니라 공적인 삶에 무관심한 사람인 것입니다. 따라서 그 시대의 교육은 바보가 되지 않도록, 즉 시민이 되기에 필요한 기술을 익혀서 시민의 자격을 갖추게 하는 것, 즉 정치적인 관직과 군인직을 감당할 수 있게 함으로써 사람 구실하게 만드는 것이었습니다. 그런데 18세기 들어서 이런 상황은 크게 바뀌었습니다. 노예와 자유민의 구별이 사라졌습니다. 그리고 그들은 모두 시민이 되었습니다. 이제 시민은 관직을 맡거나 정사에 참여하는 사람이 아니라 그저 사람이 되었습니다. 오히려 관직을 맡거나 정사에 참여할 수 있는 사람은 시민이 아니라 특권층이 되었습니다. 즉 관직을 맡거나 정사에 참여하지 않는다 해서 '바보'라 부를 수 없게 된 것입니다.

이로써 정치에 참여할 수 없지만 사람이 아닌 것은 아닌 그런 존재들이 생겼습니다. 좋은 시민이 되는 것과 좋은 인간이 되는 것은 별개의 일이 되었습니다. 이는 시민혁명 이후에도 마찬가지였습니다. 시민혁명 이후에도 참정권은 부르주아계급의 성인

남자들에게만 주어졌습니다. 하지만 그렇다고 노동자계급에게 '말하는 가축'이라고 부를 수는 없었습니다. 따라서 시민의 자질과 인간의 자질이 구별되었습니다. 고대 그리스 로마에서는 시민이 됨으로써 인간이 되었지만, 근대에 이르러서는 먼저 인간이 되고, 그다음에 시민이 되었습니다. 즉 시민의 자질은 공적인 일을 감당할 수 있는 자질, 인간의 자질은 사적인 영역에서의 자질, 주로 도덕적인 자질로 구별되었습니다.

이렇게 되면서 시민교육과 별도로 인성교육이라는 영역이 만들어졌습니다. 그런데 이 인성교육은 원칙적으로 학교가 아니라 가정과 지역사회, 교회 등에서 담당하는 것으로 여겨졌습니다. 읽고 쓰고 계산하는 능력은 인성교육이 아니라 시민교육에 속하는 것이지만, 종교개혁 이후 평신도들도 성서를 읽는 것이 중요해졌기 때문에 지역사회나 교회 등에서 그 기본적인 기능은 가르쳤습니다. 하지만 그 목적은 학문을 익히기 위함이 아니라 도덕성을 기르기 위함이었습니다. 학문을 익히는 교육은 중간계급 이상은 되어야 누릴 수 있는 특권이었습니다.

이는 우리나라도 마찬가지였습니다. 유교 경전을 읽고 쓸 수 있는 능력은 관직, 즉 공적인 삶으로 들어갈 수 있는 입장권 같은 것이었습니다. 때문에 모든 사람에게 보편적인 학문의 기회가 주어지지는 않았습니다. 백성은 대부분 기본적인 읽기조차 배우지 못해 낫 놓고 기역 자도 모르는 상황이었지만, 글을 모른다고 해서 인간 이하의 존재로 간주되지는 않았습니다. 하지만 '인륜'이라고 불리는 사회의 관행적 규범을 위반하는 사람들은 '금수', 즉 짐승이라 불렸습니다. 학문의 유무는 양반과 상민의 경계였으며 인륜의 유무는 인간과 짐승의 경계였습니다. 물론 이 중 우선이 되는 것은 인륜입니다. 먼저 인륜을 배워서 사람이 되고, 그다음에 학문을 익혀 시민(당시 여기 해당되는 적절한 용어가 없습니다)이 되는 것입니다. 이 교육들을 차례로 일컬어 '소학'과 '대학'이라 불렀습니다. 소학을 통해 '먼저 사람이 되는 법을 익히고' 그다음에 '대학'을 통해 공적인 업무를 보는 것입니다. 이게 이른바 유교의 핵심 정치원리인 수기치인(修己治人)입니다. 그렇다면 사람이 되는 교육은 어디서 하는 것일까요? 이것 역시 학교(서당이나 향교)가 아니라 가정이었습니다. 물론 학교가 지식만 가르치지는 않지만, 지식은 교과수업시간을 통해 명시적으로 학습하고, 도덕은 학교 공동체 생활 속에서 잠재적 교육과정을 통해 배운다는 것이 여기에 따른 자연스런 귀결입니다.

저는 지식과 도덕을 분리하여 생각하는 것은 온당치 않다고 생각합니다. 실상 현실의 학교에서도 지식과 도덕을 분리하여 생각하지 않습니다. 드라마에서는 공부 잘하는 학생들이 차갑고 이기적으로 묘사되곤 하지만, 실제 학교에서 마주치는 현실은 정반대입니다. 오히려 우등생들이 도덕적으로도 나무랄 데 없는 경우가 더 많습니다. 대부분의 교사들도 말로는 아니라고 하지만 공부 잘하는 학생들이 착한 학생일 것이라고 은연중에 전제하고 있습니다. 물론 이건 편견이고 잘못된 관행입니다. 하지만 소위 우등생과 모범생이 대체로 중첩되는 것은 경험상 엄연한 현실입니다.

사실 인류는 수천 년 동안 지식과 도덕을 분리하여 생각하지 않았습니다. 유교에서는 덕을 먼저 닦고 사람을 다스리라 했지만, 그 덕을 닦는 출발점을 심신 수양이나 명상 같은 것이 아니라 격물치지(格物致知)에서 찾았습니다. 격물치지는 단지 사물에 대한 지식을 획득하는 것이 아니라 그것을 통해 자신의 타고난 덕성을 깨닫고 지키는 것이지만, 어쨌든 덕성을 기르기 위해서 먼저 '알아야' 함을 강조했습니다.

공자는 요즘 말로 하면 인성교육을 강조한 교육자라 할 수 있지만, 실상 그의 학교에서 가르쳤던 것들은 시·음악·고대 정치 문헌·역사 그리고 활쏘기와 말타기였습니다. 그는 '사람이 배워서 도리를 알지 않으면 선할 수 없다'고 했습니다. 훌륭한 인품은 타고나는 것이 아니라 '옳고 그름을 분별할 수 있고, 분별한 옳고 그름에 따라 살아가려고 노력하는 과정'에서 형성되는 것입니다. 물론 제일 중요한 것은 분별할 수 있는 능력입니다. 그래서 수신의 출발점이 격물치지인 것입니다.

선한 사람은 매 순간 자신이 처한 상황과 해야 할 바를 헤아려서 가장 적절한 처신을 할 수 있는 사람입니다. 이것이 바로 유명한 중용입니다. 가운데를 알려면 그 양쪽 극단이 어딘지 알아야 합니다. 양쪽 극단이 어딘지 알려면 그 대상에 대해 철저한 학습이 있어야 합니다. 따라서 배우지 않은 사람은 양 극단을 찾을 수 없고, 양 극단을 찾을 수 없으면 중용도 실천할 수 없으니 선할 수 없습니다. 다만 맹자의 경우는 인간이 타고난 네 가지 자연스러운 감정인 사단(四端)에서 도덕의 단초를 찾습니다. 하지만 네 가지 감정이 곧 덕인 것은 아닙니다. 덕은 이 네 가지 감정을 본인이 가지고 있음을 깨우치는 것이며, 도덕적인 삶이 곧 자신의 본성에 맞는 삶임을 깨우치는 것입니다. 결국 유교의 전통적인 도덕관은 '그것이 옳고, 내 본성과도 맞으며, 사람다운 것임을 여러 학문·예술의 학습과 수련의 결과 알기 때문에 행하는 것'이지 결코 그저 착한 것이 아닙니다. 유교의 교육은 착함을 전혀 강조하지 않았고, 인성교육이라는 별도의 활동을 행하지도 않았습니다. 다만 옛 성현이 남긴 문헌, 역사책, 시를 읽고 노래할 뿐이었습니다. 그것들을 읽고 생각하여 깨우치면 선한 삶을 살 수밖에 없다는 것이 바로 공자의 교육관입니다. 그래서 공자는 제자들에게 도덕적 설교를 늘어놓는 일이 매우 드물었습니다. 다만 "어찌하여 시를 읽지 않느냐?" 이렇게 말할 뿐입니다. 이를 오늘날의 용어로 풀어 말하면 교과교육을 통한 인성교육이라고 말할 수 있겠습니다.

이런 지덕합일의 전통은 서양의 경우도 크게 다르지 않습니다. 고대 그리스인들은 지혜·절제·용기를 가장 으뜸가는 덕으로 보았고 이 세 가지 덕이 조화를 이루는 것을 올바름(정의)이라고 했습니다. 그런데 어떻게 해야 이 덕들이 조화를 이룰 수 있을까요? 플라톤은 지혜가 절제와 용기를 인도할 때 그것이 가능하다고 했습니다. 절제와 용기가 발휘될 적재적소를 알아야 이런 덕목들이 빛을 발하기 때문입니다. 그리고 적재적소를 알기 위해서는 지혜의 인도를 받을 수밖에 없는 것입니다.

이는 서양 근대 공교육의 선구자들이 지녔던 생각과도 크게 빗나가지 않습니다. 코메니우스, 페스탈로치, 헤르바르트의 교육사상을 살펴보아도 이들은 교과교육 그 자체를 도덕적 인성 함양의 수단으로 생각하고 있음을 확인할 수 있습니다.

코메니우스는 신의 나라를 향하고자 하는 것이 도덕성이라고 보았습니다. 그런데 이러한 도덕성에 이르기 위해 필요한 것은 기도나 계시가 아니라 이 세상 모든 것이 신의 섭리 아닌 것이 없음을 알게 되는 것이라고 강조했습니다. 이는 프뢰벨(Friedrich Wilhelm August Fröbel)에게도 그대로 계승되었습니다. 프뢰벨은 수학을 배우고 자연을 배우는 까닭은 이를 통해 온 세상에 고루 퍼진 절대자의 오묘한 진리를 터득하기 위해서라고 했습니다. 이들보다 한결 합리적인 사상가였던 페스탈로치나 헤르바르트 역시 시민으로 살아가는 데 필요한 기본적인 기능과 지식을 익히는 교육을 통해 한 사람으로서의 덕성을 동시에 함양시킬 수 있음을 설파했습니다.

자, 이제 다시 생각해 봅시다. 교육의 목표가 단지 지식의 수준을 넘어 도덕적인 인성의 함양이라는 것은 너무 당연합니다. 그런데 지금의 학교교육은 대부분의 시간을 교과교육에 배당해 놓고 있습니다. 그러고서 교육의 목표를 인성교육이라고 주장한다면 이건 난센스가 아니겠습니까? 하지만 이 난센스는 인성교육이 바로 교과교육을 통해 이루어지는 것이며, 이 교과들이야말로 훌륭한 인성을 기르는 데 필요한 여러 분야의 소양이라고 생각한다면 가볍게 해결됩니다.

도구로 전락한 공부

유감스럽게도 일선 학교에서는 이런 식으로 난센스를 해결하지 않습니다. 교과교육=지식교육으로 등치시켜 놓고 인성교육은 그것과 별도로 따로 행해야 하는 것으로 생각합니다. 그 결과는 매우 어처구니없습니다. 우선 인성교육이 교사들의 과외업무처럼 나타납니다. 수업시간에는 교과 지식교육을 하고, 그 나머지 시간에 별도의 인성교육을 실시하라는 것입니다.

당연히 교사들은 이것을 자기 일로 여기지 않으며 마지못해 해야 하는 짐으로 여깁니다. 또 학생들은 학생들대로 시험 점수에도 들어가지 않는 별도의 인성교육 프로그램 따위에 열과 성을 다할 까닭이 없습니다. 남는 것은 다만 문서상에 적힌 '인성교육 총 12시간 이수' 따위의 기록입니다. 더 나쁜 것은 이 인성교육이 '생활지도'라는 명목을 가지고 횡행하는 것입니다. 기타 세세한 사생활과 생각에 대한 간섭, 두발이나 복장에 대한 간섭, 표현의 자유에 대한 억압, 그리고 온갖 잔소리와 교사나 교장의 가치관 강요 및 주입 따위가 아니겠습니까?

인성교육과 지식교육을 별개로 생각하는 사고방식이 가져오는 또 다른 나쁜 결과는 국영수사과 등 이른바 주지교과, 즉 학문적 교과를 인성과 무관한 과목으로 취급하는 것입니다. 이 과목들은 호르크하이머(Max Horkheimer)가 비판한 바 있는 도구적 이성의 영역으로 간주되어, 주어진 내용을 최대한 습득해 높은 점수를 얻는 것이 목적이 되어 버립니다.

이렇게 되면 두 가지 문제가 발생하는데, 하나는 학교에서 보내는 시간 대부분을 이들 교과수업시간이 차지하기 때문에, 이른바 인격의 도야는 일과시간 이외나 학교 밖의 특별한 프로그램을 통해야 하는 것으로 여겨진다는 것, 다른 하나는 이들 학문적 교과들이 인격 도야와 무관한 것이기 때문에 소기의 목적을 달성하면 더 이상 연마하지 않아도 되는 것으로 받아들여진다는 것입니다.

예를 들어 봅시다. 고등학교에 '한국현대문학'이라는 교과가 있다고 합시다. 문자 그대로의 의미라면 20세기 이후의 문학 작품을 감상하고 이를 통해 감성과 사유의 폭을 넓히는 시간이 되어야 합니다. 그런데 실제로는 문학을 문학으로 향유하지 못하고, 각종 시험 대비용 지식과 예상 문항으로 낱낱이 해체하여 가르치고 배우는 시간이 되고 말았습니다. 다른 과목들도 마찬가지입니다. 한번 생각해 보십시오. 이 교과들이 인격을 함양하는 데 쓰임이 없다면, 도대체 어떤 도구적 용도가 있겠습니까? 사실 이 교과들은 도구적인 가치로 치자면 전기 배선, 자동차 정비를 배우는 것보다도 쓰임새가 불투명합니다. 문학을 배워 어디 씁니까? 수학을 써먹으며 살아가는 직업은 얼마나 되겠습니까? 공부는 인격을 도야하기 위한 것이라야지, 결코 도구적 기능을 위한 것이 아닙니다. 이런 식으로 학문적 교과들이 점점 더 도구화·기능화되어 갈수록 학생들의 인성 역시 도구적 이성의 지배를 받아 점점 더 황폐해집니다. 베버의 말을 빌리자면 목적합리성에 치우치고, 가치합리성이나 정의적 특성이 왜소해진 인간이 되는 것입니다. 한때는 이런 인간을 근대화된 인간, 탈주술화된 인간이라 불렀겠지만, 이는 비인간적 인간, 앙상한 인간, 사물화된 인간에 불과합니다. 인간은 본래 이렇게 살도록 되어 있지 않습니다. 오늘날 온갖 종류의 힐링이 난무하는 것도 바로 인간 본성에 어긋나는 이런 목적합리적 삶 때문입니다.

하지만 학교 입장에서는 입시와 직결된 이들 교과시간을 줄일 수 없기 때문에 그럴 때마다 특별한 인성교육 프로그램을 추가하게 됩니다. 요즘 같으면 힐링 프로그램을 추가하겠죠. 이는 학교의 업무와 프로그램을 점점 비대하고 복잡하게 만들어 교사들이 감당할 수 없게 만들고, 결국 학생이 아니라 교사의 인성에도 문제를 일으킵니다. 교사들의 얼굴이 늘 지치고 짜증난 얼굴로 바뀌게 되는 것입니다. 그래서일까요? 요즘은 교사를 대상으로 하는 힐링이니 코칭이니 하는 프로그램도 난무하고 있습니다.

한편 또 다른 문제가 발생합니다. 이렇게 수업시간 대부분을 차지하는 학문적 교과 공부를 단지 도구로, 그것도 가장 저급 수준의 도구라 할 수 있는 입학시험 도구로 생각하기 시작하면서, 학교는 더 이상 '공부'에 가장 적합한 기관이 아니게 됩니다. 학교는 인성교육을 하는 척이라도 해야 하는 공교육기관입니다. 학교가 대놓고 입시 도구로서 교육을 주장할 수는 없습니다. 그러나 학원은 입시기술을 가르치는 일종의 장사입니다. 인성교육이고 나발이고, 좋은 점수를 따기 위해서라면 반칙도 불사하며, 음악·미술·체육 같은 입시에 '쓸모없는' 과목에 시간 까먹지도 않습니다. 그러니 입시가 목적인 도구적인 공부를 하고자 든다면 학교가 학원을 당해 낼 재간이 없습니다.

지성 단련은 인성교육의 핵심

자, 다시 정리합시다. 지식·지성은 훌륭한 인성의 중요한 부분입니다. 지성을 갖추지 못한 인성이란 단지 맹목적인 순함에 불과합니다. 또한 인성과 연결되지 않는 지성이란 의미가 없습니다. 우리가 학교에서 지식교과라 부르는 교과들도 인성의 여러 측면을 고루 배양하는 재료로 쓸모가 있다고 판단되었기에 차례차례 정규 교과목으로 편성되어 온 것이지, 그 자체로 실질적인 효과나 쓸모가 있어서 편성된 것이 아닙니다. 따라서 이 교과목들을 골고루 잘 배우는 것 자체가 인성교육의 큰 부분이 되는 것입니다.

물론 정규 수업시간 외에 교사들의 말이나 행동, 혹은 교과와 무관한 가르침이나 훈계 따위가 학생들의 인성에 영향을 줄 수도 있습니다. 하지만 이런 것들은 무의식적·무의도적 교육입니다. 있다면 좋겠지만 언제나 있기를 기대할 수 있는 것이 아닙니다.

교사는 물론 가능한 한 훌륭한 인품과 행동을 학생들에게 보여 줄 필요가 있습니다. 그러나 이런 것들은 교사의 일상적인 삶을 통해 저절로 드러날 뿐입니다. 그러니 학생들에게 어떤 영향을 줄 것인지 누구도 예측하거나 계획할 수 없습니다. 학생들이 존경하고 자기도 모르게 본받는 교사들은 훌륭한 삶을 살고자 노력하는 교사들이지, 학생의 존경을 받기 위해 노력하는 교사가 아닙니다. 이 영역은 교사가 어찌할 수 있는 부분이 아닙니다.

교사가 의식적으로 교육할 수 있는 영역은 수업시간이며, 수업시간에 교과를 제대로 가르치는 것 자체가 이미 훌륭한 인성교육이고, 교사가 의도적으로 할 수 있는 유일한 인성교육인 것입니다. 그리고 자신의 전공교과에 대해 애정을 가지고 공부하고 탐구하는 것은 학생들에게 비의도적 영향을 행사하여 잠재적으로 인성교육을 할 수 있는 교사의 기본 조건입니다. 공부하고 탐구하는 교사가 반드시 학생들의 존경을 받는 것은 아니지만, 이것을 하지 않고서 존경받는 교사 역시 존재하지 않습니다.

그러니 여러분은 교과수업을 제외한 별도의 인성교육을 운운하는 교사들을 경계해야 합니다. 대개의 경우 자신의 전공교과에서 전문성이 떨어지는 것을 감추려는 연막이고 핑계인 경우가 많기 때문입니다. 혹은 인성교육이라는 미명하에 학생들의 신체와 정신에 통제력을 행사하면서 쾌감을 느끼려는 권력욕의 화신 혹은 변태일지도 모릅니다.

열네 번째 편지

"만약 교사들을 일반 노동자나 일반직 공무원처럼 세세하게 규율하고 통제하고자 했다면 여러 단계의 승진 사다리를 두고, 층층의 직급 체계를 만들어 두었을 것입니다. 그러나 학교는 단 한 명의 관리자와 수십 명의 동급자로 구성된 조직입니다. 이런 조직에서는 사실상 승진 사다리는 존재하지 않으며, 그렇게 중요한 의미도 갖지 않아야 합니다. 교감이나 교장이 되는 것은 아주 예외적인 일이지, 모든 교사가 목표로 삼고 달려들 일은 아니라는 것입니다."

승진 귀신

교사를 병들게 하는 것 중 가장 심각한 하나가 바로 '승진 귀신*'입니다. 물론 다른 것들도 해롭기는 하지만 그것들은 그 피해가 주로 자기 자신에게 미치는 반면, 이 못된 승진 귀신은 교육시스템 자체를 엉망으로 만드는 아주 위험하고 난폭한 놈입니다.

먼저 정의부터 합시다. 여기서 승진 귀신이라 함은 교사가 행위의 1차적인 판단 기준을 승진에 두는 것입니다. 즉 교감·장학

---

* 여기 나와 있는 나쁜 것들은 제가 교직에 있을 때의 일입니다. 부디 지금 이 책을 읽는 젊은이들에게 여기 나오는 귀신들이 옛날이야기로, "그때는 그랬지" 정도의 의미만 가지는 세상이 되었으면 합니다.

사·장학관이 되는 것을 목적으로 삼고, 학교에서 행하는 모든 행위의 가치를 그 목적에 이르는 데에 보탬이 되느냐 마느냐에 따라 판단하는 것입니다.

젊고 패기 있는 교사라면 그게 뭐가 문제인가, 금융권에 몸담은 젊은이라면 지점장 정도는 목표로 삼아야 하듯, 기왕 교직에 들어섰으면 교장까지 가 볼 생각을 해야 하는 것 아니냐 이렇게 생각할 수도 있을 것입니다. 그러나 실제 사정을 살펴보면 그렇게 쉽게 생각할 일이 아닙니다.

교사 인생의 기념비?

우선 교사에게는 원래 승진의 개념이 없다는 것에 유념합시다. 물론 젊은 교사들은 처음 접하는 부장교사들을 상관이라고 생각하기 쉽습니다. 그러나 그들은 선배 교사일 뿐 상급자가 아닙니다. 부장교사는 직급이 아니라 보직에 불과하며, 그것도 평교사들을 지휘 감독하기 위해 설치한 보직이 아니라, 행정업무의 일부를 할당하기 위한 근거로 설치한 보직입니다. 즉 부장교사는 교육뿐 아니라 행정업무도 일부 담당하는 교사일 뿐입니다. 원칙적으로는 여러분도 담당할 수 있는 직책입니다. 아직도 많은 학교에서는 이 부장교사 휘하에 교사들을 배치해서 부장의 지시에 따라 행정업무를 담당하게 하는데, 이건 엄연히 불법입니다.

또 각종 공문서로 교사들을 귀찮게 하는 장학사들 역시 마찬가지입니다. 이들의 직위가 '교육전문직'으로 규정되어 있기 때문에 일부 장학사들은 교사가 '전문직'으로 승진한 것이라고 착각하지만, 이때 '전문직'은 '일반직 공무원'과 구별하기 위한 것이지, 교사와 구별 짓는 이름이 아닙니다. 이는 승진이 아니라 교사가 전문성을 살려 행정직으로 전직한 것에 불과합니다.

교감이나 교장이 되는 것은 그나마 승진에 가깝지만 교육법·교육공무원법 어디에도 교사가 교감이나 교장이 되는 것을 승진이라고 규정한 법규는 없습니다. 그 증거로 교사가 교감이 되고, 교감이 교장이 되어도 봉급이 바뀌지 않는다는 점을 들 수 있습니다. 월급 한 푼 안 오르는 이런 승진이 어디 있습니까? 설사 승진이라고 해도 그렇습니다. 학교를 한번 보십시오. 교사 30~40명에 교감 한 명입니다. 이게 일반직 공무원, 혹은 기업과 학교의 차이입니다.

만약 직원이 40명 정도 되는 기업이라면 적어도 대리, 팀장, 부장 등의 승진 사다리가 있을 것이며, 근속 연수와 무관하게 직급이 높을수록 보수도 더 많을 것입니다. 이런 조직에서 승진은 자신의 존엄성을 위해서나 혹은 조직의 활력을 위해서나 중요한 자극제의 역할을 합니다.

그러나 학교는 원칙적으로 동급자인 수십 명의 교사와 단 한 명의 교장과 교감이 있을 뿐입니다. 학교 조직이 이런 식으로 구성된 것은 교육은 원칙적으로 수평적인 조직에서 가장 잘 이루어지기 때문입니다. 최근의 교육학들은 교사와 학생 간의 관계도 수평적이고 개방적일 것을 요구합니다. 그러니 교사 조직이야 더 말할 필요도 없는 것입니다. 선배 교사들은 직급이 높아서가 아니라 그들이 그동안 축적한 지혜와 노하우 때문에 후배 교사들의 존경을 받을 뿐입니다.

어떤 선생님은 통상 7급 공무원으로 간주되는 대졸 신규 공무원인 교사가 수십 년이 지나도 교사인 직급 체계를 문제 삼지만, 이는 오랜 경력을 가진 교사를 폄하하는 것이라기보다는 신규 교사를 높여 보는 것입니다.

뒤르켐(David Émile Durkheim)은 교사란 사회의 가치와 규범을 대표하는 존재이기 때문에 비록 나이가 어리다 할지라도 마치 부모와 같은 위치로 간주한다고 했습니다. 즉 25세의 신규 교사라 할지라도 애송이 청년이 아니라 우리 사회의 가치와 규범을 대변하고 전수하는 대표자로 보는 겁니다. 그래서 나이가 아무리 어려도 선생님이며 교사이며, 나이 많은 교사와 동등한 자격을 갖추었다고 인정해 주는 것입니다.

만약 교사들을 일반 노동자나 일반직 공무원처럼 세세하게 규율하고 통제하고자 했다면 여러 단계의 승진 사다리를 두고, 층층의 직급 체계를 만들어 두었을 것입니다. 그러나 학교는 단한 명의 관리자와 수십 명의 동급자로 구성된 조직입니다. 이런조직에서는 사실상 승진 사다리는 존재하지 않으며, 그렇게 중요한 의미도 갖지 않아야 합니다. 교감이나 교장이 되는 것은 아주 예외적인 일이지, 모든 교사가 목표로 삼고 달려들 일은 아니라는 것입니다.

그런데 이런 예외적인 일인 승진을 목표로 삼은 교사는 어떻게 해야 할까요? 당연히 아주 예외적인 노력을 해야 합니다. 여기서 예외적이라 함은 특별히 더 많은 노력을 들여 더 훌륭한 교육을 한다는 뜻이 아닙니다. 교육과는 별도의 예외적인 승진용일들을 더 해야 한다는 뜻입니다.

이른바 승진 규정이라고 하는 것을 한번 살펴봅시다. 소위 승진은 경력평정, 각종 가산점, 그리고 근무평정에 의해 결정됩니다. 경력평정이야 근무 연수가 늘어나면 계속 쌓이는 것이니 사실상 기본 점수나 마찬가지고, 결국은 근무평정과 가산점에서결정됩니다. 이 중에서 연구·연수 가산점은 연수 열심히 다니고, 대학원 열심히 다니면 다 차게 되어 있습니다. 그러니 이것역시 '예외적' 노력을 하는 사람들끼리는 기본 점수나 마찬가지입니다.

그렇다면 마지막 결정적 한 방은 근무평정 점수입니다. 줄여서 근평이라 부르는 이것은 상대평가이기 때문에 최고 점수(이른바 '왕수')를 받을 수 있는 사람의 숫자가 매우 한정되어 있으며 교장 평가가 40퍼센트, 교감 평가가 30퍼센트, 그리고 동료평가가 30퍼센트 들어가기 때문에 사실상 교장·교감의 영향력이 절대적입니다. 게다가 이 근평의 기준이란 것도 교육자로서의 품위, 공직자로서의 품성 따위의 모호한 것들이라 교장·교감 마음대로 매길 수 있는 것이나 다름없습니다.

결국 교사가 승진하기 위한 '예외적'인 노력이란 교장·교감에게 그들의 마음이 흡족할 때까지 충성해야 하며, 상대평가에서 1등인 '왕수'를 받기 위해 다른 승진 희망자들과 충성의 무한경쟁을 하는 것입니다.

이 충성경쟁은 교장이 선호하는 것을 해야 하며, 교장의 눈앞에서 이루어져야 하는데, 안타깝게도 수업이 이루어지는 교실은 이에 해당되지 않습니다. 교장은 학교 행정가입니다. 따라서 교장의 눈은 수업보다는 행정이나 대외 행사에 더 치중하고 있으며, 학생들을 규율하고 통제하는 일에 더 집중되어 있습니다. 따라서 왕수를 받으려면 일상적인 수업, 학생과의 소통 따위에 에너지를 낭비하면 안 됩니다. 교장이 관심 있어 하는 행정, 대외 전시성 행사, 보여 주기 시범수업, 학생 규율 잡기 등에 온 힘을 기울여야 합니다.

게다가 경력평정에도 가산점이란 것이 붙습니다. 간단히 말하면 똑같이 1년을 근무해도 1.1년을 근무한 것으로 평정한다는 것입니다. 이건 원래 다른 교사들이 근무를 기피하는 벽지나 오지, 낙후된 지역에서 근무하거나 다른 학교보다 더 많은 업무를 해야 하는 각종 시범사업·연구사업에 참가할 교사들에 대한 유인책이었습니다. 그런데 이게 승진에 필요한 가산점으로 악용되고 있습니다.

예를 들면 집은 대도시에 있으면서 학교는 농어촌 지역을 지원하여 벽지 근무 가산점을 챙긴다거나, 시범사업·연구사업이 이루어지는 학교만 쫓아다니며 지원하거나, 교장을 설득해서 온갖 시범사업을 따낸다거나 하는 승진 귀신들이 있습니다. 그런데 가산점이 주어지는 학교에 근무할 교사들을 선발하고, 가산점이 주어지는 시범사업에 참가할 교사들을 선정하는 권한은 교장에게 있습니다. 따라서 이 역시 누가 교장에게 무한한 충성을 보여 주었느냐가 관건입니다.

결국 승진을 위한 예외적이고 특별한 노력이란 돌고 돌아 교장에게 아부하는 것으로 귀결됩니다. 하나도 아부, 둘도 아부, 셋도 아부입니다. 어떤 교육적 소신도 여기에 필요하지 않습니다. 오히려 소신과 철학은 방해가 됩니다. 교장이 바뀔 때마다 언제든지 변신해야 하기 때문입니다. 진보적인 교장이 오면 진보적이 되어야 하고, 보수적인 교장이 오면 보수적이 되어야 하며, 소위 꼴통 교장이 오면 간도 쓸개도 다 내어 줄 준비가 되어 있어야 합니다. 승진하겠다고 마음먹고, 50세에 교감이 되겠다고 결심했다면, 늦어도 40세부터는 이런 삶을 살아야 하는 것입니다. 즉 최소한 십 년은 영혼을 팔아야 합니다.

이런 교사에게 수업과 학생은 교장 눈에 잘 들기 위한 프로젝트나 행정업무 처리할 시간을 빼앗아 가는 장애물로 여겨지거나, 혹은 대외 전시성 수업이나 행사에 사용할 도구로 여겨집니다. 이런 교사가 학생과 인격적으로 상호작용하는 제대로 된 교육을 할 턱이 없습니다.

이렇게 한평생을 다 바쳐 교감이 되면 그 인생에 무엇이 남을까요? 단지 교감이 되었다는 것뿐입니다. 교육자로서 입직해서 평생을 교육 아닌 일에 정신을 팔고, 그 결과 교육에서 한 발 물러난 직책을 얻은 것입니다. 이 얼마나 허무한 인생인가요? 이 허무한 인생을 보상받을 수 있는 길은 오직 하나밖에 없습니다. 더 높이 올라가는 겁니다. 어디까지? 글쎄요? 안타깝게도 이 관료제의 사다리는 층층시하입니다. 아무리 높이 올라가도 더 윗자리가 있습니다. 나이 50이 넘어서 지혜와 덕망으로 존경받는 대신, 계속 위로 올라가려고 콩콩거리는 인생은 얼마나 처량한

가요? 그렇게 해서 교장이 되었다고 합시다. 그럼 이미 60세를 바라보고 있을 텐데, 그때까지 남은 것이라고는 '이 자리에 올라왔다'밖에 없는 인생이란 도대체 어떤 인생일까요?

무릇 인간다운 삶이란 이 세상에 자신이 왔다 갔음을 증명하는 기념비를 남기는 것입니다. 그리고 그 기념비 중 가장 훌륭한 것은 다른 사람들의 기억 속에 아름답게 남는 것입니다. 교사는 이 점에서 참으로 훌륭한 직업입니다. 해마다 수십 명의 젊은이들의 기억 속에 자신의 기념비를 아로새길 수 있으니까요. 하지만 평생 승진을 위해 분투한 교사에게는 그런 기념비가 남아 있지 않습니다. 그래서일까요? 교장들은 자기 이름이 새겨진 무엇인가를 남기려고 애씁니다. 기념식수니, 교훈석이니 이런 것들 말입니다. 하지만 퇴임하고 나면 그런 것들은 을씨년스러운 애물단지로 남을 뿐입니다. 졸업생 중 교장·교감을 아름다운 기념비로 새겨 갈 학생은 그리 많지 않을 것입니다.

지금 이 글을 읽고 있는 여러분의 가슴속을 들여다보십시오. 교장·교감에 대한 어떤 기억이 있습니까? 교장·교감은 그 자리에서 물러나기가 무섭게 마치 휘발유처럼 사람들의 뇌리에서 사라집니다. 이게 그들의 인생입니다. 그나마 교감·교장이 되지 못하면 남는 것은 한뿐입니다. 그 한이 커지면 우울해지며, 심지어 장학사가 되지 못했다고 목을 맨 교사 같은 비극적 처지에 빠지게 됩니다. 그러니 여러분은 어떤 인생을 살 것인지 신중하게 선택해야 할 것입니다.

승진의 허실

저는 지금 여러분이 교장·교감이 되어서는 안 된다거나, 혹은 교장·교감이 된 교사들이 불쌍하다고 말하는 것이 아닙니다. 단지 교장·교감이 되기 위해 교육을 팽개치고 온 힘을 다 쏟으며 왜곡된 노력을 하는 그런 삶을 살지 말라고 말할 뿐입니다. 교장·교감·장학사는 필요합니다. 교육에서도 행정은 필요하며, 교육행정은 이렇게 실제 교육 경험이 있는 사람이 담당하는 것이 좋습니다. 그래야 탁상공론 같은 교육정책이 나오지 않으니 말입니다.

그런데 모든 교사가 교육행정가가 되려고 노력하고, 그걸 승진으로 받아들이는 풍토는 잘못입니다. 다만 수업보다 교육행정이 더 적합한 교사들이 적성에 맞게 행정가로 전직해 나가는 개념이라야 합니다.

현행법을 보아도 교감이나 교장은 교사가 승진한 것이 아니라 다른 종류의 일에 종사하는 것에 불과합니다. 초중등교육법이나 교육공무원법 어디를 보아도 교사가 교감이 되면 승진이라는 규정은 없습니다. 보수 체계도 동일합니다. 일반직 공무원들의 경우 직급별로 호봉 체계가 다릅니다. 경찰도 순경과 경감은 호봉 체계가 다릅니다. 군인도 계급마다 호봉 체계가 다릅니다. 그러나 교사는 단일 호봉 체계입니다. 25년 근무하여 35호봉 받는 교사가 교감이 되어도 교감 1호봉을 받는 것이 아니라 여전히 35호봉을 받습니다. 이는 역할이 달라졌을 뿐, 승진이나 승급이 아니라는 뜻입니다. 여러분은 이런 점을 잘 알고 있어야 합니다.

열다섯 번째 편지

"방학보다는 영어의 vacation 이 오히려 이 기간을 더 적절하게 설명해 줍니다. 비어 있는 기간이라는 뜻만 가지고 있기 때문입니다. 이는 어떤 계획이나 프로그램이 배치되어 있지 않다는 뜻일 뿐, 휴식이라거나 배움이 중단된다는 뜻은 들어 있지 않습니다. 단지 학기가 아니란 말일 뿐입니다. 당연히 배움은 이 기간에도 계속됩니다.

다만 학교에서 이루어지지 않고, 비공식적으로 이루어질 뿐입니다. 비유하자면 학기가 식사하는 시간이라면 방학은 소화하는 시간인 셈입니다."

위험한 축복,
방학

방학 귀신! 흔히 방학은 교사라는 직업의 가장 큰 매력으로, 실제로 젊은이들을 유인하는 가장 중요한 요인 중 하나입니다. 그런데 이걸 귀신이라고 불러서 의외라고 생각할 수도 있겠습니다. 물론 방학은 교사에게나, 학생에게나 참으로 귀중한 시간입니다. 하지만 이 귀중한 시간은 동시에 가장 지독한 독이 될 수도 있습니다.

사실 이 방학(放學)이라는 말 자체가 잘못되었습니다. 배움을 놓아 버리다니요? 아니 어떻게 학생도, 교사도 배움을 놓아 버릴 수 있단 말입니까? 이는 학교에서 정해진 시간에 정해진 과정에 따라 진행되는 수업 이외에는 배움도 공부도 아니라는 매우 경직되고 그릇된 생각이 반영된 것입니다.

방학보다는 영어의 'vacation'이 오히려 이 기간을 더 적절하게 설명해 줍니다. 비어 있는 기간이라는 뜻만 가지고 있기 때문입니다. 이는 어떤 계획이나 프로그램이 배치되어 있지 않다는 뜻일 뿐, 휴식이라거나 배움이 중단된다는 뜻은 들어 있지 않습니다. 단지 학기가 아니란 말일 뿐입니다. 당연히 배움은 이 기간에도 계속됩니다.

다만 학교에서 이루어지지 않고, 비공식적으로 이루어질 뿐입니다. 비유하자면 학기가 식사하는 시간이라면 방학은 소화하는 시간인 셈입니다.

따라서 학생들은 이 기간 동안 자신들이 배운 것을 적용시켜 보고, 의문을 품어 보고, 다른 가능성을 모색해 보는 자유로운 시간을 확보할 수 있으며, 교사들은 가르침에 필요한 자신의 자원을 늘려 나가고, 그동안의 가르침을 돌아보고 정비하는 시간을 확보할 수 있습니다. 학생이나 교사나 모두 더 배우는 시간, 다만 시간표와 무관하게 배우는 시간이 방학인 것입니다. 특히 교사의 경우 학기 중에는 아무래도 배우는 시간보다 가르치는 시간이 많을 것이기 때문에 방학이야말로 배움을 넓힐 수 있는 매우 중요한 시간입니다.

방학은 휴가가 아니다

불행히도 많은 교사들이 이 기간을 단지 휴가로 받아들입니다. 심지어 교육당국조차 이 기간을 휴가로 생각합니다. 그래서 가능하면 줄이려고 하며, 노동자의 당연한 권리인 연가가 이 기간 중에 저절로 소진된 것으로 간주하여 연가보상비도 주지 않습니다. 문제는 공무원에게 주어지는 연 23일의 유급 연가보다 방학 기간이 두 배 정도 길다는 것, 그리고 이것이 교사에 대한 엄청난 사회적 질시의 원인이 된다는 것입니다. 교사들부터 방학에 대한 인식을 바꾸지 않으면 이런 사회적 질시는 점점 더 커질 수밖에 없습니다.

방학에 대한 오해는 교사가 되고자 하는 집단적인 욕망으로 나타나기도 합니다. 제가 아는 한, 교사가 되기 위해 이토록 어렵고도 좁은 관문을 돌파해야 하는 나라는 없습니다. 교직의 사회적 중요성 때문에 자격을 까다롭게 부여하는 경우는 있어도, 우리나라처럼 엄청나게 치열한 경쟁률을 보이는 경우는 매우 드뭅니다.

그런데 젊은이들이 교사가 되기를 선망하는 가장 큰 동기를 물어보면 빠짐없이 나오는 것이 방학과 소위 철밥통입니다. 하지만 이 기나긴 기간이 정말로 단지 휴가라면, 이렇게 긴 유급휴가를 위해 국고를 축내, 교사에게 공무원 중 가장 높은 수준의 봉급을 지급하는 정부는 인심이 아주 후하거나, 혹은 기강이 문란하다고 볼 수밖에 없습니다.

이런 문란한 짓이 그동안 널리 자행되어 왔음을 솔직히 부인하기 어렵습니다. 방학을 자신의 자원과 지평을 확장하는 기간으로 사용하는 교사들이 상대적으로 소수였기 때문입니다. 대다수 교사들은 방학 동안 빈둥거리거나 주부 노릇에 열중하거나 해외여행을 떠납니다.

물론 여행을 떠나는 것이 비난받을 일은 아니지만, 그 여행이 견문을 넓히는 것이 아니라 일종의 여흥이나 쇼핑을 위한 것이라면 비난받아 마땅합니다.

즉 교사는 방학 중에 해외여행을 다녀도 일반인과는 달라야 합니다. 휴가가 아니니까요. 이런 문란한 상황이 묵인되어 온 까닭은 1998년 이전까지 우리나라에서 교사의 봉급이 박봉이라는 공감대가 형성되어 왔기 때문입니다.

즉 일반적인 다른 직장과 비교하면 열 달치 월급을 열두 달에 나누어 받는 수준에 불과하다고 여겼던 것입니다.

하지만 지금은 교사들 자신을 제외하면 아무도 교사를 박봉이라고 생각하지 않습니다. 그런데도 방학 기간을 마치 긴 휴가처럼 사용한다면, 연가 23일을 초과하는 기간은 무급으로 처리하거나 출근시키라는 요구가 쏟아져 나올 날이 머지않을 것입니다.

배움의 지평을 확장하는 시간

게다가 방학 기간을 그야말로 방학(放學) 하며 보내는 것은 교사 개인에게도 불행입니다. 방학 한 번 지날 때마다 몸무게는 1킬로그램씩 늘고, 머리에 든 것은 5퍼센트씩 달아나서, 5~10년이 지나면 늘어난 것은 체중이요, 지식은 대학 졸업 당시의 절반도 되지 않는 상황으로 전락하기 때문입니다.

국어교사는 글쓰기를 두려워하고, 사회교사는 경제기사가 머리 아프다 하고, 과학교사는 창조론이나 신봉하는 꼴이 된다면 사회는 교사에 대한 지원과 우대를 더 이상 하지 않는 쪽으로 움직일 것입니다.

이렇게 방학 기간은 교사가 자신의 체력과 지성을 함양할 수 있는 절호의 기회기도 하지만, 자신을 퇴보의 나락으로 밀어 넣을 수 있는 절체절명의 위기이기도 합니다. 체중이 내려가는 건 어렵고 늘어나는 건 한순간이듯, 지식도 익히는 과정은 힘들어도 까먹기는 한순간입니다. 그러니 여러분들도 방학 때 '놀' 궁리를 해서는 안 됩니다. 체력을 단련하고 부족한 공부를 해야 합니다.

이 공부라는 것도 교과서·참고서 따위 보면서 문제 풀이 가르칠 연습하는 수준이어서는 안 됩니다. 또 일반인 대상의 말랑말랑한 유사교양도서나 읽으라는 것도 아닙니다. 자신이 몸담은 분야의 전문적인 공부를 하라는 것입니다. 이렇게 방학 때마다 전문적인 공부를 꾸준히 하지 않고, 놀고 즐기며 시간을 보내다 보면 어느새 40대가 되었을 때 '내가 학교 밖에 나가면 무슨 일을 할 수 있겠어? 목구멍이 포도청이지'라고 말하는 한심한 교사로 전락한 자신의 모습을 발견할 것입니다.

여러분은 중고등학교 시절, 방학만 되면 학습 계획표를 그려놓고, 규칙적으로 공부를 계속하려 했던 기억이 있을 겁니다. 즉 중고등학교 시절에는 방학이라고 해서 결코 공부를 놓지 않는다는 것입니다. 그렇다면 학생을 가르쳐야 하고 입만 열면 공부를 말하는 교사의 방학도 당연히 그래야 할 것입니다.

방학은 가르치는 일에 집중하느라 잠시 뒤떨어졌던 자신의 전공분야, 아동·청소년에 대한 학문적 연구 등을 갱신하는 기간으로 사용돼야 합니다. 그렇지 않다면 방학은 교사가 지나치게 긴 유급휴가를 받는다는 사회적 질시의 원인으로 계속 작용할 것입니다.

제가 교육청에서 근무하던 시절, 공무원이 사용할 수 있는 연간 휴가 일수를 모두 쏟아 부었음에도 교사의 겨울방학 절반 정도밖에 되지 않음에 놀란 경험이 있습니다. 이건 정말 놀라운 특혜입니다.

하지만 그만큼 의무도 따르는 법입니다. 의무를 스스로 찾아서 행하지 않을 경우, 그 특혜는 제도의 빈 구석으로 전락하며 결국 스스로를 옥죄는 올가미가 되고 말 것입니다.

열여섯 번째 편지

"조선의 선비들은 설사 아버지가 뛰어난 학자라 할지라도 자기 동료 학자들 중 스승을 골라서 인사시켰지, 손수 학문을 가르치지 않았습니다. 이들은 그 이유를 간단히 '부자유친을 해치지 않기 위해서'라고 했는데, 여기에 적지 않은 진실이 숨어 있습니다. 이들은 가족 공동체가 기본적으로 친밀감의 공동체, 자연적인 감정의 공동체임을, 그리고 교육이란 친밀감이 아니라 보다 공적이고 객관적인 이성의 작용임을 잘 알고 있었던 것입니다."

고슴도치
선생님

세상 사람들의 눈시울을 붉히는 미담 중 빼놓을 수 없는 하나가 '학생들을 자기 자식처럼' 아끼는 순박하고 헌신적인 교사 이야기입니다. 그리고 요즘에는 왜 그런 선생님이 없냐면서 스승은 없고 교사만 있다는 힐난도 뒤따라 나옵니다. 교급이 내려갈수록, 또 학년이 내려갈수록 학생들을 '내 새끼'라고 부르는 교사들이 많아지며, 심지어는 대단히 불성실한 교사들조차 은연중에 자신이 담당한 학생을 '내 새끼'로 여기는 성향이 존재하는 것도 사실입니다.

그런데 저는 이것을 감히 교사를 망치는 귀신으로 호명하고자 합니다. 교사는 학생을 위해 헌신하지 말아야 한다는 뜻인가요?

교사는 학생을 아끼고 사랑하지 말아야 한단 뜻인가요? 그렇지 않습니다. 제가 이것을 '내 새끼 귀신'으로 분류한 까닭은 이 속에는 교육을 부정하고, 교직을 부정하는 관점이 강하게 내포되어 있기 때문입니다. 조금 현학적으로 표현하자면 자연주의의 오류를 범하고 있기 때문입니다.

교실은 정치 공동체

이게 무슨 뜻인지 이해하기 위해, 잠깐 이야기를 곁으로 돌려 고대로 가 봅시다. 고대 그리스인들은 가족과 폴리스를 비교하여 자연 공동체와 정치 공동체로 분류하였습니다. 자연 공동체는 필연성, 즉 생존을 위해 만들어지고 움지이며, 정치 공동체는 자유를 위해 만들어지고 움직입니다. 따라서 자연 공동체는 도덕의 담지자가 될 수 없습니다. 필요와 욕구 혹은 본능의 작용인데 거기에 무슨 도덕적 가치가 있겠습니까? 도덕은 자유를 누리고 유지하고자 인간들의 지혜와 약속에 의해 만들어진 정치 공동체에서나 적용 가능합니다.

가족이라는 공동체는 도덕이 아니라 자연적인 감정이 지배합니다. 부모가 자식을 아끼고 사랑하는 것은 종족 번식이라는 본능의 발현일 뿐, 특별히 도덕적인 가치를 가지고 있지 않습니다. 그것은 자연적인 감정에 불과합니다. 심지어 동물들도 자기들이 무엇을 하는지 그 의미도 모른 채 새끼들을 사랑하는 행동을 합니다.

도덕 문제는 공동체의 윤리와 자연적인 사랑 사이에서 갈등하고 선택해야 할 때, 즉 도덕 규칙과 자연 규칙 사이에서 갈등할 때 비로소 발생합니다. 인간은 사회적 동물이며, 사회를 이루지 않고서는 생존할 수 없습니다. 공동체의 규모가 작을 경우에는 자연적 공동체나 다름없어서 이러한 갈등은 비교적 쉽게 해결됩니다. 그러나 공동체 규모가 크면 클수록 갈등은 더욱 빈번해지고 그 양상도 복잡해집니다. 많은 원시 부족들이 공동체의 규범이나 가치를 위반할 경우 우리 눈에는 사소해 보이는 위반조차 사형이나 추방으로 다스리는데, 이는 갈등을 적시에 해결하지 않으면 그만큼 공동체에 큰 위협이 되기 때문입니다.

이 갈등을 해결하는 가장 문명화된 방법이 바로 도덕과 법입니다. 원시 부족들이 공동체 윤리와 자연적 감정의 갈등을 강제력으로 해결했다면, 문명화된 사회에서는 이를 합의된 규칙·규범으로 해결합니다. 그러나 이러한 규칙과 규범은 저절로 지켜지지 않습니다. 대부분의 사람들은 자연적인 감정에 이끌리는 선택을 합니다. 낙랑공주는 사랑이라는 자연적인 감정에 굴복하여 아버지를 포함해 수만 동포를 고구려의 노예로 만드는 선택을 하고 맙니다.

공동체를 위하여 자식이나 연인에 대한 사랑, 특히 자식에 대한 사랑이라는 자연적 감정에 거스르는 선택을 하는 사람은 매우 드물며, 저절로 생겨나지도 않습니다. 이는 반드시 의식적인 교육을 통해 만들어집니다. 자신의 성향이나 감정이 이끄는 대로 행동하는 대신, 이를 성찰하고 공동체와의 관계 속에서 조정하여 행동하는 것은 오랜 교육과 훈련의 결과, 혹은 수양의 결과이지 결코 자연스럽게 타고나는 성품이 아닙니다. 바로 그렇기 때문에 부모 외에 또 다른 어른이 필요한 것이며, 그 어른이 바로 교사인 것입니다.

교사는 그 존립 근거부터 사회적입니다. 교사는 일정한 시간 동안 부모 역할을 대신하며 학급을 가족처럼 보살피기 위해 있는 존재가 아니라, 자신이 몸담고 있는 사회를 대표하며 학생들이 자연적인 성향이나 감정을 넘어 공동체의 가치와 규범의 입장에서 행동을 조정할 수 있도록 하기 위해 그 자리에 있습니다. 학급은 결코 가족이 아니고 가족이 되어서도 안 되며, 정치 공동체의 시민이 되기 위한 자질과 태도를 배우고 익히는 곳이어야 합니다.

삼강오륜의 부자유친도 바로 여기에서 비롯됩니다. 조선의 선비들은 설사 아버지가 뛰어난 학자라 할지라도 자기 동료 학자들 중 스승을 골라서 인사시켰지, 손수 학문을 가르치지 않았습니다. 그 이유를 간단히 '부자유친을 해치지 않기 위해서'라고 했는데, 여기에는 적지 않은 진실이 숨어 있습니다. 이들은 가족 공동체가 기본적으로 친밀감의 공동체, 자연적인 감정의 공동체임을, 그리고 교육이란 친밀감이 아니라 보다 공적이고 객관적인 이성의 작용임을 잘 알고 있었던 것입니다. 따라서 교육자는 감정에 따라 편벽 부당하지 않은 자세가 필요합니다. 하지만 자식 앞에서 편벽 부당하지 않을 수 있는 부모는 거의 없으며, 만약 있다면 그건 부모답지 못한 것입니다.

그래서 옛 선비들은 자식에게 나고, 들고, 응대하는 기본예절 정도만 가르쳤습니다. 이는 장차 공적 장소인 학교에 가서 스승과 동료를 대하는 준비 과정인 셈입니다. 이렇게 기본예절을 익힌 아이들을 맞이하여 객관적인 관점에서 또 전체 공동체의 관점에서 모든 학생들을 부당함 없이 공정하게 가르치는 것, 그것이 교사의 몫이며 또한 가장 중요한 책무인 것입니다.

'고슴도치도 제 새끼는 예쁘다'는 말은 부모에게는 결코 욕이 되지 않습니다. 그러나 이 말이 교사에게 적용된다면 그것은 욕입니다. 학생들을 전체 공동체의 관점에서 객관적이고 냉정하게 판단하여 조치하는 자세는 결코 '내 새끼' 마음으로는 불가능하며, 이 양자는 매우 모순되기까지 합니다. 그래서 프레이리는 '성직관'이라고 알려진 교사관을 '보육자관'이라고 비판하면서,

교사는 그 대신 비판적 지식인으로서의 '전문직관'을 채택해야 한다고 주장했던 것입니다.

물론 교사는 자기가 맡은 학생들을 사랑해야 합니다. 그러나 그 사랑은 항상 공공의 이익, 공공의 선과 균형을 찾고 거기에 따라 상호 조정되어야 하는 사랑이며, 이성적으로 조율되는 사랑이지, 친밀감 그 자체가 목적이 되는 그런 감정적 사랑이 아닙니다. 그건 가족이 담당해야 할 몫이며 부모의 일입니다. 그마저도 못하고 교사에게 요구하는 학부모가 있다면 그런 사람들은 친권을 박탈당해 마땅합니다.

안타깝게도 요즘 아이들은 가정에서 그런 사랑을 충분히 받지 못합니다. 없는 집에서는 부모가 힘들게 일하느라 아이들을 챙기지 못합니다. 있는 집에서는 각종 입시 사교육기관에 아이들을 마구 내몰면서 잔혹한 입시전쟁을 강요합니다. 어느 경우에나 아이들은 부모들에게서 친밀감에 입각한 감정적 사랑을 느끼기 어렵습니다. 아이들에게 부모는 집에 가면 없는 존재 혹은 냉혹한 승부사 내지는 조련사에 불과합니다.

사정이 이렇게 딱하다 보니 학생들은 엉뚱하게도 '공직자'인 교사들과 그런 친밀한 관계를 맺으려고 시도합니다. 교사들 표현대로라면 소위 '안깁니다'. 교사가 젊을수록, 또 여성일수록 여기에 매우 취약하며, 이것이 교직의 힘이고 보람이라 생각하는 경향이 있습니다. 그러나 교사의 소임은 전문적인 식견을 바탕으로 객관적·합리적 처방을 찾아내는 의사의 그것에 가깝지, 결코 보육자 혹은 유모의 그것은 아닙니다.

안겨 오는 학생을 냉정하고 매몰차게 거절하라는 것은 아닙니다. 사실 교사는 이 두 가지를 모두 감당해야 합니다. 그러나 친밀감의 비중은 20퍼센트 정도에 그쳐야 합니다. 여기에 매몰되는 것은 선량하고 덕스러운 성인이라면 아무나 교사를 해도 된다는 반교직 논리를 합리화할 뿐입니다. 여러분은 절대 고슴도치 선생님이 되어서는 안 되겠습니다.

열일곱 번째 편지

"비즈니스 종사자는 이윤을 증가시킨 대가로 그 이윤의 일부를 성과급으로 받지만, 교사는 앎을 증가시킨 대가로 그 증가된 앎을 보수로 받습니다. 게다가 교사가 가르치는 동안 터득한 앎은 고스란히 교사의 몫입니다. 고객(학생)이 그것을 모두 챙겨 갔음에도 불구하고, 그것은 교사의 머릿속에도 고스란히 남아 있고, 앞으로도 얼마든지 써먹을 수 있습니다."

월급 귀신

제가 처음 교직에 입직했을 때, 가장 듣기 싫었던 선배들의 말 중 하나가 월급 적다는 자탄이었습니다. 우리나라에 교사만큼 월급에 불만이 많은 집단이 또 있을까 싶을 정도였습니다. 특히 당시 30대 남자 교사들의 월급 타박은 매우 격렬해서 잘하면 가두시위라도 나가겠다 싶을 정도였습니다.

사실 교사들의 월급이 아주 많은 것은 아니지만 그렇다고 타박할 수준은 아닙니다. 그나마 공무원 중에서는 상당히 대우가 높은 편에 속합니다. 그럼에도 불구하고 그들이 자꾸 월급 타박을 하는 까닭은 금융업이나 대기업에 취업한 동기들과 비교하기 때문입니다. 이른바 상대적 박탈감인 셈입니다.

팔아도 고스란히 남아 있는 내 몫

물론 교사의 월급이 대기업이나 금융업에 비해 상당히 적은 것은 사실입니다. 하지만 경제학을 조금이라도 배운 사람이라면 이걸로 타박할 수 없음을 금방 이해할 것입니다. 경제학의 이윤과 회계학의 이윤이 다르기 때문입니다. 교사들의 월급 타박은 주로 회계학적 관점에서 비롯됩니다. 이걸 경제학적으로 생각해 볼 필요가 있습니다. 월급이 말해 주지 않는 비용을 따져 보아야 합니다. 그중 가장 중요한 것은 업무 스트레스와 리스크입니다. 삶의 안정성 심지어는 생명까지 위협하는 것들이니까요.

교직은 여타의 금융·비즈니스 직군에 비해 업무 스트레스가 낮은 편이며, 설사 스트레스가 있다고 해도 매우 건전한 편입니다. 물론 승진에 혈안이 되어 안 받아도 되는 스트레스를 받는 교사들이 있기는 합니다만, 그건 스스로 자초한 것입니다. 또 최근에 학교에 시장원리가 도입되면서 교사들의 스트레스 수치를 높이고는 있지만, 이런 흐름은 이미 전 세계적으로 퇴조하고 있고 한국도 마찬가지일 것입니다. 적어도 아직까지 교직은 '남의 자본을 증식시키기 위해', 즉 이윤을 증가시키기 위해 고용된 위치는 아닙니다. 엄청난 고소득을 올리는 학원가 스타들이 여전히 교사들을 부러워하는 면이 있다면 바로 이 부분입니다.

교사는 이윤이 아니라 앎을 증가시키기 위해 고용되었습니다. 비즈니스 종사자는 이윤을 증가시킨 대가로 그 이윤의 일부를 성과급으로 받지만, 교사는 앎을 증가시킨 대가로 그 증가된 앎을 보수로 받습니다. 게다가 교사가 가르치는 동안 터득한 앎은 고스란히 교사의 몫입니다. 고객(학생)이 그것을 모두 챙겨 갔음에도 불구하고, 교사의 머릿속에도 고스란히 남아 있고, 앞으로도 얼마든지 써먹을 수 있습니다. 비즈니스에 종사하는 사람들은 이런 놀라운 경험을 하지 못합니다. 판매하여 돈을 받았으면 그뿐, 판매한 물건이나 정보는 더 이상 자기 것이 아니게 됩니다. 앎이란 참으로 놀라운 상품입니다. 팔아도 구입자와 구매자 모두에게 고스란히 남아 있으니 말입니다. 이런 기막힌 혜택은 월급과 같은 화폐로는 결코 환산할 수 없습니다. 따라서 월급 타박을 하는 교사는 기본적으로 이 앎이라는 보상을 모르거나 여기에 별 가치를 두지 않는 교사들, 한마디로 공부를 싫어하는 교사들일 것입니다. 자기는 공부를 싫어하면서 학생들에게는 공부를 강요하니 이율배반도 이런 이율배반이 없습니다. 이런 교사들은 하루라도 빨리 학교를 떠나서, 월급 많이 받는 다른 직장을 구하는 편이 현명할 것입니다.

게다가 교직에는 리스크도 매우 적습니다. 이때 리스크라 함은 실패했을 경우 본인이 감당해야 할 피해를 미리 예측한 값을 뜻합니다. 오늘날에는 리스크도 모두 화폐로 환산하는데, 이 때문에 보험업이란 업종이 성립 가능합니다. 그렇게 리스크를 화폐로 환산해 보면 화려한 성과급을 자랑하는 대기업·금융업 종사자들의 소득이 생각만큼 많지 않다는 것을 알 수 있습니다.

의사나 변호사 역시 고소득을 올리는 경우가 많지만, 리스크도 엄청납니다. 대형 병원이나 로펌에 고용된 의사, 변호사는 밤낮 가리지 않는 엄청난 노동 강도에 시달립니다. 개업의는 막대한 초기 고정성 경비 회수 부담에 시달립니다. 개업 변호사의 경우 유동성 경비 부담에 시달리기 일쑤이며, 조금만 잘못되면 금세 유동성 위기에 처할 수도 있습니다. 유동성 압박을 견디지 못하고 자살로 생을 마감한 의사나 변호사도 드물지 않습니다. 그러나 교사는 실적을 이유로 해고되지도 않으며, 어떤 적자를 감수하지도 않고, 과로에 시달리지도 않습니다.

그럼에도 불구하고 교사들이 자꾸 월급 귀신에 빠져드는 것은 그들의 가치 체계가 교직에 적합하게 형성되어 있지 않기 때문입니다. 교원양성과정에서도 교직 윤리나 가치를 중요하게 다루지 않아서, 이를 형성할 기회마저도 부족했기 때문입니다. 만약 여러분이 명품 위스키를 마시고, 고급 수입차를 몰고, 페라가모·구찌를 입거나 신는 등, 이런 것에 중요한 가치를 둔다면, 그리고 그런 것을 할 수 있는 사람들을 부러워한다면, 교사의 월급은 시쳇말로 껌 값에 불과할 것이며, 여의도의 금융 딜러들이 부러워질 것입니다. 그러나 여러분이 흥미 있는 분야를 공부하고 앎을 확장시킬 때의 기쁨, 즉 성장의 기쁨에 가치를 둔다면, 생계에 문제가 생길 수준이 아닌 한, 월급은 큰 문제가 되지 않을 것입니다. 교사의 월급은 대한민국에서 중산층의 삶을 누리기에 충분한 수준은 됩니다. 공부하고 가르치며 경험을 확장하는 즐거움은 결코 돈을 주고 살 수 없는 귀중한 것입니다. 어느 교사의 부친은 성공한 금융인이었지만 늘 아들의 직업을 부러워하여, 명예퇴직한 후 어린이 돌봄 교실 봉사활동을 나가면서 기쁨을 찾았습니다. 은행에서 은퇴할 나이가 되었을 때 자신을 괴롭힌 생각은 자신이 세상에 남긴 흔적이 무엇인지, 무엇으로 기억될지 꼽을 만한 것이 없다는 허무감이었다고 합니다.

그러니 월급 타박이나 하며 평생을 보낸 교사는 최악의 삶을 산 결과가 될 것입니다. 돈도 모으지 못했으면서 남기고 기억될 그 무엇도 없는 인생을 산 꼴이니 말입니다. 이런 사람들이 그 허무감을 이기지 못해 결국 승진병 대열에 합류합니다만, 교장이 되었다는 것은 결국 무엇을 남길까요? 교육장이 되어야겠다는 또 다른 욕망을 남길 뿐입니다. 귀신은 허무감을 먹고 자라납니다. 여러분은 이런 허무감의 노예가 되지 말아야 하겠습니다.

열여덟 번째 편지

"유태인 학살을 지휘했던 아이히만은 훗날 전범 재판장은 물론 사형당하는 그 순간까지도 자기가 무엇을 잘못했는지 깨닫지 못하고 인정하지도 않았습니다. 그는 착실한 공무원이었고, 성실한 가장이었으며, 슈베르트를 즐겨 듣는 교양인이었습니다. 전대미문의 대학살의 주범이 된 그는 결코 야만적이지 않았습니다. 그의 가장 큰 문제는 바로 지나치게 모범적이었다는 것입니다."

범생이
귀신

이제 가장 위험한 귀신이 남았습니다. 그건 바로 범생이 귀신입니다. 여기서 범생이란 모범생을 비하하여 부르는 속어입니다. 여기에는 타의 모범이 된다는 존경의 의미보다는, 주어진 규범을 그저 따르기만 한다는 조롱의 의미가 들어 있습니다. 패기 없음, 비판정신 없음, 순응적 등등의 의미와 일맥상통합니다. 이런 학생을 영어로 'teacher's pet'이라고 하는데, 원래는 교사가 가장 선호하는 학생이란 뜻이지만 실제로는 줏대 없이 그저 교사가 귀여워할 언행만 하는 학생을 놀리는 용어로 사용됩니다.

바로 이 말에서 우리는 불길한 전조를 봅니다. 왜 교사의 애완 동물이 진취적인 학생, 창의적인 학생, 아니 하다못해 잘생긴 학생이 아니라 이렇게 순응적이고, 수동적이고, 줏대 없는 학생들을 주로 지칭하고 있는 것일까요? 'the best student'라고 하면 될 것을 혹은 'teacher's favorite'라고 하면 될 것을 구태여 'pet'이라는 말로 지칭하는 것부터 문제입니다. 우리말에서도 모범생이라는 말은 사라지고, 범생이라는 조롱만 남아 있는 것이 현실입니다.

이는 실제로 교사들이 범생이들을 선호하고, 또 그 자신들도 범생이기 때문입니다. 대학 졸업 때까지 학교—집 왕복운동만 하다가, 직업마저 교사가 되어 여전히 학교—집 왕복운동을 하게 된 그야말로 진짜 범생이 교사들마저 적지 않은 형편입니다. 게다가 교사가 되기 위한 시험이 갈수록 치열해지면서, 그런 범생이들의 비율이 점점 늘어나고 있는 것이 불편한 진실입니다. 그 치열한 경쟁이 '시험'이라는 형식으로 나타나는 한, 어지간히 비범한 두뇌의 소유자가 아니고서는 범생이가 되지 않는 한 교사가 되기 어려운 것이 현재 우리나라의 실정인 것입니다.

여러분은 어떤가요? 여러분은 창의적이고 진취적인가요?

교직에 우수한 젊은이들이 점점 더 많이 진출한다고 합니다. 그런데 그러면 그럴수록 교단은 진취적인 활기에 넘치는 것이 아니라 적막이 늘어납니다. 역설적인 현상이 아닐 수 없습니다.

이들 범생이 교사들은 학생들 앞에서는 규율의 수호자로, 교장·교감 혹은 부장교사들 앞에서는 말 잘 듣는 학생의 모습으로, 자기들끼리는 철없고 영악한 아이들의 모습으로, 기존 사회의 습속, 그리고 대중매체를 통해 전달받은 각종 문화의 충실한 복제품으로 나타납니다. 이들에게서 건전한 비판정신의 흔적을 찾기란 매우 어렵습니다.

범생이들은 매사에 순응적입니다. 규범에도 순응하고, 문화에도 순응합니다. 본인이 순응하고 있는지에 대해서도 관심이 없습니다. 순응이란 말도 적합하지 않습니다. 순응은 오히려 적극적으로 따르는 것이니, 수동적이라고 해야 옳을 것입니다. 혹은 심리학 용어로 동조적(conformative)이라고 할 수 있겠습니다. 이게 뭐가 문제냐고요?

반문하지도, 상상하지도 않는다

범생이가 얼마나 위험한지 잘 보여 주는 사례는 원조 범생이 나라 독일이 자행한 2차세계대전의 만행입니다. 만약 그 대규모의 유태인 학살이 러시아에서 일어났더라면 서양인들은 러시아인의 야만성을 거론했을 것입니다. 스페인이나 이탈리아에서 일어났다면 흥분잘하고 내집단의 결속이 강하며 외집단에 배타적인 라틴 민족의 기질을 거론했을 것입니다. 그런데 그 만행이 서양에서 가장 합리적이고 규칙적이며 냉철한 독일에서 일어났다는 점은 서양인들에게 서양 문명 전체가 흔들리는 충격으로 다가왔습니다. 심지어 독일인들은 학살조차 범생이처럼 저질렀습니다. 잔혹한 살상, 무자비한 구타는 일어나지 않았습니다. 독일인들은 수백만 유태인들을 피 한 방울 흘리지 않고 치밀한 계획에 따라 매우 정교하고 조용하게 처리했습니다.

흔히 제3제국의 광기라고들 말합니다. 그러나 독일인들은 광기에 사로잡혀서 수백만 명을 학살한 것이 아닙니다. 미친 것은 히틀러이고 지도부였습니다. 나머지 충실하고 성실한 독일인들은 미친 지도부일지라도 합법적으로 선출되고 법에 따라 권력을 가지고 있었기에, 법의 이름으로 내려오는 명령을 충실히 수행하였을 뿐입니다. 철저히 '법대로, 규칙대로'였던 것입니다. 그 당시 유태인 학살을 지휘했던 아이히만은 훗날 전범 재판장은 물론 사형당하는 그 순간까지도 자기가 무엇을 잘못했는지 깨닫지 못하고 인정하지도 않았습니다. 그는 착실한 공무원이었고, 성실한 가장이었으며, 슈베르트를 즐겨 듣는 교양인이었습니다. 전대미문의 대학살, 그 주범은 결코 야만적이지 않았습니다. 그의 가장 큰 문제는 바로 지나치게 모범적이었다는 것입니다.

만약 이탈리아나 러시아 등에서 이런 일이 일어났다면, 이들은 격렬한 혐오와 분노, 경멸의 감정에 휩싸여 유태인들을 미친 듯이 폭행하였을 것입니다. 하지만 이런 방법으로는 수백만의 유태인을 죽일 수도 없고, 또 그 과정에서 격렬한 충돌이나 저항에 직면하면서 유혈 사태가 발생했을 것입니다. 이런 유혈 사태는 유태인에 대한 동정을 이끌어 결국 학살 중단의 원인이 되었을 것입니다.

그러나 독일은 수백만을 죽였습니다. 죽이는 독일인들도 자기들이 사람을 죽이는 것인지, 어떤 작업을 진행하는 것인지 잘 모르는 상태에서 일을 처리했습니다. 유혈 사태 없이 수백만 명을 체계적이고 합리적으로 죽였습니다. 이게 바로 빈틈없이 이행하는 법과 질서의 힘이며, 그 정당성에 대해 반문하지 않고, 그 결과에 대해 상상하지 않는 범생이들의 무서움입니다.

범생이들이 얼마나 위험한지 보여 주는 심리학 실험도 있습니다. 미국 심리학자인 밀그램(Stanley Milgram)의 권위 순응 실험이 그것입니다. 이 실험에서 피실험자는 심리학자의 지시에 따라 방 안에 있는 사람들에게 전기 충격을 가하는 스위치를 조작하도록 요구받았습니다. 이들이 전기 충격 스위치를 조작하면, 방 안에 있는 사람들은 비명을 지르면서 실제로 전기 충격을 받는 것처럼 연기했습니다. 처음에는 경미한 15볼트에서 출발했지만, 차츰차츰 강도를 높이라는 지시가 내려졌습니다. 강도가 높아질수록 방 안의 사람들은 더 크게 비명을 지르거나 신음 소리를 내면서 고통을 표현했습니다. 그런데 놀랍게도 피실험자들 중 80퍼센트가 치사량인 480볼트까지 전기 충격 스위치를 올리라는 심리학자의 요구에 순응하였습니다. 사람이 죽을지도 모르는 상황에서 심리학 교수의 명령에 복종하여 그런 행위를 한 것입니다.

더욱 놀라운 결과는 실험 장소를 달리했을 때 드러났습니다. 이 실험을 예일대학에서 했을 경우에는 80퍼센트가 명령에 순응했지만, 시골의 황무지에서 했을 경우에는 60퍼센트만 순응했다는 것입니다. 이것이야말로 권위에 순종하는 범생이 심리가 얼마나 무서운 결과를 가져오는지 잘 보여 줍니다.

고통을 이해하는 감수성

다시 학교로 시선을 돌려 봅시다. 이제 우리는 범생이 교사들이 얼마나 무서운 존재인지 알 수 있습니다. 범생이 교사들은 방 안에 있는 사람들의 고통스러운 소리보다 권위자의 명령을 더 중요시했던 밀그램 실험의 피실험자들처럼, 학생들의 고통보다 교장·교감 혹은 교육당국의 명령에 더 충실할 가능성이 높습니다.

상급자의 명령이 반드시 학생을 고통스럽게 하는 것은 아니라고 반문할 수 있습니다. 하지만 교사는 학생들 입장에서 그것을 판단해야 합니다. 그런데 들어야 하는 소리의 출발점을 학생이 아니라 상급자와 상급기구에 두는 교사들, 혹은 기존의 규범과 가치에 두고 있는 교사들, 즉 권위에의 순응을 내면화한 범생이 교사들, 이들이야말로 언제든지 명령과 규칙에 따라 학생들에게 잔혹한 짓을 자행할 수 있는 잠재적 나치들입니다.

이런 면에서 우리나라의 교원양성과정은 매우 우려스럽습니다. 현행 입시교육이 학생들에게 고통을 준다는 것을 거의 대부분의 사람들이 알고 있습니다. 이것이 학생들의 몸과 마음을 왜곡시키는 반교육이라는 것도 알고 있습니다. 그런데 현재의 교원양성과정은 철저히 이 입시교육의 승자, 수혜자들이 독식하도록 되어 있습니다. 수능 정시와 수시 학종에서 모두 우수해야 교대에 원서를 넣을 수 있는 실정입니다.

물론 이들이 교대나 사대 재학 중에 교육제도의 문제점과 학생들의 고통에 관심을 가질 수 있도록, 즉 전체적인 교육 관점을 갖출 수 있도록 훈련된다면 문제가 없겠습니다. 하지만 이들은 대학 들어가기가 무섭게 고시생으로 신분이 바뀝니다. 교사가 되기 위한 경쟁은 너무도 치열해서 대학 1학년 때부터 사교육의 힘을 빌려 가며 4년간 고시생으로 살지 않으면 거의 통과하기 어렵습니다. 치열한 입시경쟁을 통해 교·사대에 들어가고, 고시생활을 통해 임용시험을 통과한 신규 교사들의 첫 느낌은 어떨까요? 여러분은 어떤 느낌이었나요? 경쟁에서 승리했다는 우월감, 엘리트 의식이 없었다고 자신할 수 있나요? 이렇게 십수 년간을 오직 경쟁만을 해 왔던, 그리고 그 최종 승자가 된 젊은이가 과연 경쟁 때문에 불안하고 고통스러운 어린이와 청소년을 이해할 수 있을까요? 걱정하지 않을 수 없는 상황입니다.

여기서 우리는 모순된 상황에 직면합니다. 우수한 인재들이 교직에 많이 지원하는 것은 좋은 현상입니다. 그러나 그 우수한 인재들이 치열한 경쟁의 승자로 채워지는 것은 그리 바람직하지 않은 현상입니다. 그렇다면 답은 경쟁의 과정을 개선하는 것입니다. 즉 경쟁의 과정 속에서 그 폐단을 제거할 수 있는 어떤 기제가 있어야 하는데, 불행히도 우리나라의 교원양성과정에는 그런 기제가 존재하지 않습니다.

교사가 되는 길은 2000년대 이후 매우 어려워졌습니다. 상위 10퍼센트 이내의 학생들만이 교육대학이나 사범대학에 진학하며, 다시 그중에서 상위의 학생들만이 교사가 되고 있습니다. 그런데 우리나라 학생들의 대입 성적과 부모의 SES(사회경제적 지위)의 정적 상관관계가 갈수록 뚜렷해지고 있습니다. 그러니 2000년대 이후의 신규 교사들, 즉 이 책을 보고 있을 여러분은 성적으로도 상위 10퍼센트, 가정의 소득 수준으로도 상위 10퍼센트 이내일 가능성이 매우 높습니다. 한마디로 여러분은 유복한 가정의 착실한 자녀일 가능성이 매우 높습니다. 만약 소득 수준이 그 정도가 안 된다거나 착실한 학생이 아니었던 분이 계시다면 가히 인간 승리라고 할 수 있거나 머리가 아주 좋은 분일 것입니다.

문제는 교사가 상위 10퍼센트 계층 출신이라 해서 상위 10퍼센트 이내의 학생만 가르칠 순 없다는 것입니다. 도리어 평범하거나 그 이하의 학생들을 가르칠 가능성이 더 많습니다. 더군다나 베테랑 교사들이 주로 중상층 거주지에 많이 거주하기 때문에(사실 신규 교사들도 부모 중 한쪽이 이들일 가능성이 큽니다), 경력이 짧은 신규 교사들은 중상층 거주지에서 첫 교직을 수행할 가능성이 높지 않습니다. 이들은 거의 경험하지 못했던 가난이 파도처럼 쏟아지는 곳에서, 평생 집-학교-학원을 맴돌며 자랐던 자신들이 도저히 이해할 수 없는 삶의 냄새가 가득한 곳에서 허우적거리며 교직 생활을 시작하게 됩니다. 이들이 학생들의 고통에 적절히 반응할 가능성은 매우 낮습니다.

심리학자 라차루스(Moritz Lazarus)는 인지와 정서의 관계에서 인지 우선성을 주장했습니다. 물론 그 반대의 주장도 있지만, 단순한 정서가 아닐수록 인지가 우선이라는 증거가 더 많습니다. 즉 알고 있지 않으면 느껴지지 않는다는 것입니다. 그리고 그 앎은 직접 겪어 보지 않으면 일어나지 않습니다.

아마도 여러분은 이 글을 읽으며 발끈할 수도 있습니다. 여러분은 충분히 소명감을 가지고 있으며, 학생들의 고통을 이해할 태세가 되어 있다고 주장할지 모릅니다. 그러나 여러분의 경험의 폭, 여러분의 인지적 한계가 학생들의 고통을 보고도 느끼지 못하게, 아니 아예 지각조차 못하게 하여, 심지어 실제와 다르게 인식시킬 수도 있음을 명심해야 합니다. 그건 여러분의 잘못이 아닙니다. 다만 여러분이 자라고 성장한 환경이, 그리고 경험이 협소했을 따름입니다. 그 역시 여러분의 잘못도, 부모님의 잘못도 아닙니다. 교사가 되기까지 요구되는 경쟁이 그런 쪽으로 길을 잡고 있었기 때문입니다.

그러나 인간은 반성적(성찰적) 존재입니다. 인간은 사기 자신을 분석하고 해석할 수 있습니다. 인간은 자신의 조건이 무엇인지, 그리하여 자신이 어떻게 잘못 지각하거나 혹은 지각하지 못하는지 알 수 있습니다. 그럼으로써 자신을 변화시키고 확장시켜 나갈 수 있는 것입니다.

물론 이를 위해서는 그동안 자신이 잘못 알고 있었거나, 알지 못했음을 인정하는 아픔이 필요합니다. 이 아픔은 상상 이상으로 크기 때문에 자아가 단단한 사람일수록 강한 저항에 직면합니다. 안타깝게도 많은 사람들이 그것을 인정하는 대신, 현실을 왜곡하여 이해하는 쪽을 택합니다. 이렇게 되면 그는 갖가지 위선과 모순의 공장이 되어 버리고 맙니다. 이런 교사를 학생들은 절대 따르지 않습니다. 여러분은 알게 모르게 여러분 속에 숨어 있는 범생이 귀신의 존재를 인정하고, 늘 경계하는 속에서 학생들을 만나야 하겠습니다.

지금까지 교사에 대한 일반적인 이야기들을 나누었습니다. 세간에 잘못 알려져 있는 교직의 모습을 교정하고, 교사가 되면 좋은 점과 조심해야 할 점들을 알려 드렸습니다. 하지만 이런 이야기들은 그야말로 이야기이기 때문에 절대적으로 받아들이실 필요는 없습니다. 다만 이것이 저의 23년간 교직 생활 동안의 소회이며, 또 그 23년을 나태하게 보내지 않았기에 그만큼의 값어치는 있을 것이니, 비판하든 수긍하든 조금은 진지하게 들어 주셨으면 합니다. 그게 저의 작은 소망입니다.

4장
진짜 하고 싶은 이야기,
추신

열아홉 번째 편지

"만일 일제 강점기 상황에서 초등학생에게 히라가나와 가타카나를 모두 외워 쓸 수 있게 하라는 요구를 받으면 교수기술자는 그 의미를 따지지 않고 가장 빠른 시간 내에 학생들이 그것을 외우게 할 것입니다. 그러나 교사는 그것을 학생, 교사 자신, 그리고 그들이 살고 있는 사회적 맥락까지 고려하여 과연 교육행위에 배치할 이유가 있는지, 그리고 지금 초등학생들에게 가나를 가르치는 것이 무슨 의미인지 평가하고 성찰할 것입니다."

철학이
있어야 합니다

요즘 같은 세상에 정말 하나마나 한, 심지어는 조롱의 대상이 되어 버린 말 중 하나가 '교사는 전문직'이란 말일 것입니다. 물론 사전적으로는 옳습니다. 한국고용정보원에서 발간한 『한국직업사전』을 보아도 교사는 엄연히 전문직으로 규정되어 있습니다. 그러나 실제로 교사에 대한 일반인의 인식은 이와 전혀 다릅니다. 교사는 일반적인 노동자들이 자신과 가장 차이가 나지 않는다고 응답한 전문직입니다. 실제로 상당수 일반인은 교사 정도의 일은 웬만큼 배운 성인이면 누구나 할 수 있는 일이라고 생각하고 있습니다.

그럼에도 불구하고 교사의 전문성에 대한 수사, 또 그것을 빌미로 한 사회적 질책은 갈수록 높아지고 있습니다. 물론 대개는 교사의 노동 강도를 높이기 위한 교묘한 말장난에 불과하지만 말입니다. 학부모들이 부담하던 학교운영지원비가 위헌 판정을 받자 제일 먼저 교사 연구수당 삭제를 통해 줄어든 예산을 충당하려는 것이 우리나라의 실상입니다.

사태가 이렇게 된 데는 교사들의 책임도 큽니다. 스스로 전문직이기보다는 안정된 노무직이기를 선호했기 때문입니다. 교사 연구수당 삭제가 아무런 사회적 저항 없이 관철되는 까닭도 '교사가 연구를 하긴 뭘 하겠느냐'는 사회적 통념이 바탕하고 있었기 때문에 가능한 것입니다. 그렇다면 대체로 전문직은 무엇이며, 전문직으로서 교사는 어떤 일을 해야 하며, 어떤 태도를 갖추어야 할까요?

직업능력개발원의 수탁에 의해 김현수와 김미숙이 수행한 연구(2003)에 따르면 전문직은 업무 측면에서는 전문적인 이론적 지식과 기술에 의거하고, 수행 과정에서 자율성을 부여받으며, 자격 조건과 관련하여 장기간의 교육과 면허 체계를 요구하며, 윤리적인 측면에서는 사회 봉사성과 사명감 등의 직업윤리, 사회경제적 측면에서는 높은 금전적 수입, 사회적 신뢰와 존경, 사회적 영향력(권력) 등을 가지고 있는 직종입니다.

요약하면, 전문직은 업무를 수행할 때, ①체계적인 이론에 기초해야 하며 ②고도의 도덕적·사회적 책임이 요구된다고 할 수 있습니다.

이제 교사에게는 이러한 요청이 구체적으로 어떻게 나타나는지, 그리고 그 현황은 어떠한지 알아보도록 하겠습니다.

숙련직과 전문직

교사가 전문직으로 불리고자 한다면, 교사의 교육적 처치나 선택은 억측이나 관행이 아니라 어떤 이론적 근거가 있어야 합니다. 전문성이란 이론적 근거를 바탕으로 업무를 구성하고, 이를 체계적으로 설명할 수 있는 능력입니다. 이론적 근거가 아니라 오랜 반복으로 숙달된 기술에 의해 업무를 행할 경우 숙련직이란 말을 쓸지언정 전문직이란 말은 쓰지 않습니다. 'skillful'과 'professional'은 엄연히 다릅니다. 숙련직은 어떤 선택을 하기 위해 매뉴얼만으로 충분합니다. 이 매뉴얼에 따라 충실하게 수행하고, 그것을 매우 숙달된 솜씨로 수행하면 됩니다. 그러나 전문직은 그 매뉴얼조차 어떤 근거를 바탕으로 선택해야 하며, 매뉴얼 자체에 대해 비판적으로 접근할 수 있어야 합니다. 즉 매뉴얼을 만들어 낼 수 있는 위치에 있어야 하는 것입니다.

교사를 전문직이라고 부를 수 있으려면 교수법에 능통한 것만으로는 부족합니다. 교과 내용에 통달한 것만으로도 부족합니다. 특정 교수법에 관한 한 평생 그 방법만 사용한 이런저런 강사들이 교사보다 더 숙련될 수도 있습니다. 평생 문제 풀이만 가르친 학원 강사가 교사보다 교과서 내용을 더 속속들이 잘 알 수도 있습니다. 그러나 교사는 어떤 내용이 교과에 들어가야 하는지, 어떤 내용을 어느 정도 강조하고, 어떤 내용은 삭제해도 무방한지 결정할 수 있어야 합니다. 어떤 부분에서 어떤 교수법을 사용해야 하는지 결정할 수 있어야 합니다. 또 자신의 교육 목표를 달성하기 위해 새로운 교수법을 개발할 수 있어야 합니다. 교과서를 넘어 교과 내용을 새로이 창출할 수 있어야 합니다.

교사가 모든 교수법에 능통할 수는 없습니다. 교사가 모든 내용을 다 알 수도 없습니다. 그러나 교사는 교수법들을 적절하게 평가하여 배치할 수 있어야 합니다. 교과 내용들을 적절하게 평가하여 그 경중을 가누어 배치할 수 있어야 합니다. 그리고 교과 내용과 교수법을 적절하게 조합할 수 있어야 합니다. 이는 곧 교사가 자원과 행위를 조합하는 '배치의 기준'을 가지고 있어야 한다는 의미입니다. 이 기준이 단지 교사 개인의 취향이어서는 안 됩니다. 그 기준은 논리와 사실의 바탕 위에 있어야 합니다. 이렇게 논리와 사실을 바탕으로 교사가 가지고 있는 배치 기준을 정당화해 줄 수 있는 일련의 사유 체계가 바로 교육의 철학입니다.

사실 누구나 자기 나름의 기준을 가지고 자원과 행위를 배치

합니다. 그 점에서는 일반인이나 전문가나 다름이 없습니다. 그러나 일반인은 그 기준을 사실과 논리를 바탕으로 정당화하여 설명할 수 없습니다. 그 기준은 문화에 의해, 혹은 개인적 성향에 의해 무의식중에 내장된 스키마이기 때문입니다. 그러나 전문가는 그 스키마가 어떻게 형성된 것인지, 그리고 어떻게 정당화될 수 있는지 논리적으로 설명할 수 있으며, 더 나은 기준을 만나게 되면 이를 받아들이거나 자신의 기준을 적절히 수정할 수 있습니다. 무릇 교사가 전문직이라면 이렇게 해야 합니다.

이게 바로 교사는 자신의 철학을 바탕으로 여러 교육적 자원·행위를 배치해야 한다는 말의 의미입니다. 이 철학은 자신의 교육행위를 평가하고 비판할 수 있는 근거가 되지만, 철학 그 자체도 비판의 대상이 될 수 있어야 합니다. 평가와 비판의 결과는 변화와 개선입니다. 교사가 이렇게 나름의 철학을 가지고 평가와 비판적 성찰을 계속할 때, 그는 특정한 행위·교수법·처치만 바꾸는 것이 아니라 자신의 교육적 가능성 자체를 확장시켜 나갈 수 있습니다.

이것이 교사와 단순한 교수기술자의 차이입니다. 교수기술자는 무엇을 왜 가르치는지에 대해서는 고민하지 않습니다. 다만 가르치라고 요구받은 내용을 요구받은 수준에 가장 가까워질 수 있도록 효율적으로 가르칩니다. 만일 일제 강점기 상황에서 초등학생에게 히라가나와 가타카나를 모두 외워 쓸 수 있게 하라는 요구를 받으면 교수기술자는 그 의미를 따지지 않고 가장 빠른 시간 내에 학생들이 그것을 외우게 할 것입니다. 그러나 교사는 그것을 학생, 교사 자신, 그리고 그들이 살고 있는 사회적 맥락까지 고려하여 과연 교육행위에 배치할 이유가 있는지, 그리고 지금 초등학생들에게 가나를 가르치는 것이 무슨 의미인지 평가하고 성찰할 것입니다. 제국주의의 앞잡이가 되는 것인지, 혹은 적어도 일제의 억압과 싸우려면 그들의 문자를 다룰 수는 있어야 하는 것인지 등 말입니다. 그런 다음에 그는 가나를 효율적으로 외워 쓰게 할 수도, 대충 읽을 수만 있게 할 수도 있으며, 가르치기를 거부할 수도 있는 것입니다.

그렇다면 철학이 있는 교사가 되려면 어떻게 해야 할까요? 물론 끊임없이 공부하고 생각하고 추론하고 성찰해야 합니다. 그럼 무엇을 공부하고 사유해야 할까요? 여기에 어떤 정답이 있을 수는 없지만 저는 주로 교육을 다음 네 가지 차원에서 생각해 봄으로써 시야를 넓혔습니다.

첫 번째 차원은 규범적 혹은 본질적 차원입니다. 교육은 어떤 행위들의 집합, 즉 제도입니다. 어떤 규정에 따라 일련의 행위들을 교육이라는 제도로 포괄하는 것인데, 이러한 규정은 규범적인 측면을 갖기 마련입니다. 즉 '교육이란 ~다'라는 규정은 '~하지 않으면 교육이 아니다'이기 때문에 당연히 '교육이라면 ~해야 한다'라는 규범을 내포하고 있는 것입니다. 그래서 교육학자 이홍우가 말한 것처럼, 사람들은 교육에 뭔가 문제가 있다고 여길 때 주로 교육의 규정, 교육의 정의를 내리는 경향이 있는 것입니다. 교육에 어떤 문제가 있다고 말하기 위해서는 교육에 문제가 없는 상황, 즉 교육이 마땅히 그래야만 하는 상황을 먼저 규정해야 하기 때문입니다. 이렇게 '교육이란 무엇인가'라는 규정으로부터 학교란 무엇인가, 그리고 그 속에서 일하는 교사란 무엇인가라는 규정도 뒤따르게 됩니다.

그럼 교육에 대한 규정을 어떻게 내릴 수 있을까요? 물론 이것은 각자 상상의 나래를 펼쳐서 할 수 있는 일이 아닙니다. 반대로 이것은 어떤 형이상학적인 정의를 내리는 일도 아닙니다. 교육에 대한 규정을 내리기 위해서는 먼저 교육이라는 이름으로 어떤 행위가 행해지고, 또 행해져 왔는가를, 어떤 교육자가 위대한 교사로 불리어 왔는지를 살펴보아야 합니다. 이를 위해서는 교육의 구체적인 사례들을 살펴보아야 하며, 교육의 역사를 진지하게 검토해야 합니다. 그래서 교직과목에서 교육철학은 교육사와 함께 다루어지는 것입니다.

두 번째 차원은 교육의 주체입니다. 교육이라는 행위, 제도는 그것이 존재하는 양태대로 관측되지 않습니다. 또 그것의 규정대로 행해지지도 않습니다. 그것을 관찰하는 주체, 그것을 수행하는 주체에 의해 무한대의 가능성을 가지고 바뀔 수 있습니다. 만약 주체의 측면을 무시하게 되면 교육은 하나의 표준 프로그램에 의한 반복 훈련에 불과합니다. 교육이 주체들을 고려하지 않고 잘 짜인 프로그램대로 수행될 수 있는 것이라면 교육기획자, 교수설계자는 있을지언정 교육을 수행하는 교사는 따로 존재할 이유가 없습니다. 물론 최근 들어 교육을 고도로 합리적·효율적 프로그램으로 간주하려는 움직임들이 있습니다. 그래서 교육의 세세한 부분들까지 전산화하고 프로그램화하고 수치화하려고 합니다. 이런 움직임에 저항해야 합니다. 이는 교육의 주체적 측면을 무시한 처사이며, 교육이라는 미명하에 학생들을 특정한 유형의 인간으로 대량 생산하려는 산업적 발상입니다.

세 번째 차원은 사회·문화적 차원입니다. 듀이(John Dewey)는 '한 사회는 그 사회에 걸맞은 학교를 가진다'라고 말했습니다. 이 말은 참으로 심오한 의미를 담고 있습니다. 교육은 그 사회의 반영입니다. 사회 상태와 무관한 교육은 존립할 수 없으며, 설사 존립하더라도 기능적 잉여물로 전락하고 맙니다. 20세기 초반까지 우리나라에 남아 있었던 서당이 대표적인 예라고 할 수 있습니다. 반면 교육은 그 사회의 수준을 넘어서서 미래를 선취하는 역할을 할 수도 있습니다. 일제 강점기를 전후하여 수없이 세

위졌던 민족사학들이 그렇습니다. 당시 우리나라가 결코 근대 사회라고 볼 수 없었음에도 불구하고 그 학교들은 근대적인 교육을 실시했으며, 이는 우리나라의 전근대성을 탈피하는 데 크게 기여했습니다. 따라서 '교육이란 무엇인가'라는 질문에는 '교육이 현재 사회 상황에서 어떤 인간을 기르고, 어떤 문화를 창출해야 하는가'라는 물음이 같이 들어 있다고 보아야 합니다.

결국 '교육이란 무엇인가'라는 물음에 대한 답은 교육이라는 이름으로 행해져 온 행위들의 어떤 공통점, 교육을 수행하는 주체들의 여러 상황 그리고 교육이 이루어지는 사회·문화적 맥락에 따라 달라지는 것입니다. 그것은 어떤 인간을 기르고 어떤 사회를 만들 것인가라는 질문과도 일맥상통합니다.

그렇다면 교육은 상대적인 것일까요? 제대로 된 교육과 그렇지 않은 교육을 판단할 기준은 상대적이기 때문에 진정한 의미의 참교육이란 있을 수 없는 것일까요? 교육자가 백 명이면 바람직한 교육의 판단 기준도 백 가지인 그런 것일까요?

그렇지 않습니다. 인간의 여러 사회와 시대를 통틀어 보면 교육이라는 이름으로 행해지는 어떤 관행이나 제도에는 공통의 요소가 있습니다. 그런 공통의 요소가 있기 때문에 교육이라는 이름을 붙입니다. 예컨대 어떤 인류학자가 오지의 어떤 부족을 방문했고, 그 부족의 언어에는 교육에 해당되는 단어가 없더라도, 그들의 활동 중 교육에 해당되는 행위를 식별해 내는 것은 어려운 일이 아닙니다. 이렇게 동서양을 막론하고 인간이 모여 사는 곳이라면 어디에나 '교육'이라고 이름 붙일 수 있는 어떤 행위 유형이 존재하는 것은 결코 우연이 아닙니다.

그렇다면 그 공통점은 무엇일까요? 그것은 '그 사회에서 필요하고 가치 있다고 받아들여지는 것을 새로운 세대에게 전수한다'는 것입니다. 상황과 맥락에 따라 달라지는 부분은 무엇을, 어떻게, 누가 전달하는가 하는 것들입니다. 즉 새로운 세대에게 기성세대가 뭔가 가치 있는 것을 전수하는 것은 공통이지만, 그 가치를 어떻게 규정할 것인가와 전수라는 행위를 어떤 기준에 따라 구성할 것인가의 문제가 변수인 셈입니다.

이 변수는 교육자에게 남겨진 짐이기도 하지만 동시에 교육자에게 맡겨져 있는 자유의 공간이기도 합니다. 이 영역은 교육자가 가지고 있는 교육철학의 영향에 따라 재구성됩니다. 그런데 교육철학·교육관이라는 것이 혼자 멋대로 고립된 상태에서 형성되는 것이 아닙니다. 또한 한번 수립되었다 하면 영원히 불변하는 것도 아닙니다. 철학이니 교육관이니 하는 것은 교육을 하고, 세계와 상호작용하는 속에서 형성되는 것이며, 또한 변화·발전하는 것입니다. 이는 교육자가 가지고 있는 세계관·인간관과 밀접한 관계를 맺습니다.

교육자의 필터

모든 교육자는 자기 나름의 세계관·인간관의 필터에 걸러진 교육철학의 기준에 따라 교육 내용과 방법을 사용합니다. 문제는 그 세계관·인간관이 무의식적인가 아니면 의식적인가 하는 것입니다. 자신이 어떤 세계관·인간관에 입각하여 교육 내용을 배치하고 방법을 적용하였는지 설명할 수 있다면, 그는 교육관, 즉 나름의 교육철학을 가진 것입니다. 그러나 자기도 모르게 내면에 형성된 어떤 사고 패턴에 의해, 혹은 습관에 의해 그런 활동을 한다면 그는 사실상 교육관이 없는 것입니다.

교육철학을 가진 교육자는 자신의 교육관을 세계·인간과의 상호작용, 즉 실천을 통해 설명할 수 있으며, 그것이 현실의 세계·인간과 충돌을 일으킬 경우 어떤 부분이 문제이며 어떻게 수정해야 하는지, 바뀌어야 하는 것이 교육관인지 아니면 세계·인간인지 설명할 수 있습니다. 또한 다른 사람의 교육 행위를 보면서 그 사람의 교육관을 추론해 낼 수 있고, 그의 교육관을 그 사람의 맥락 속에서 이해할 수 있습니다. 따라서 다른 교육관을 가진 교육자와도 토론할 수 있으며, 심지어 다른 교육자가 가지고 있는 교육관을 본인보다 더 잘 설명할 수도 있습니다.

그러나 자신의 교육관을 의식하지 못하는 교육자는 자신의 무의식적 스키마의 노예에 불과하기 때문에 현실과 자신의 교육이 충돌하여 문제가 발생하여도 대체 무엇이 문제가 되는지 알지 못하며, 하던 대로의 방식을 고집스럽게 반복하다 마음의 병을 얻습니다. 이 경우 그는 실패의 원인을 외부 환경 탓, 특히 학생들 탓으로 돌리며, 결국 체벌과 욕설을 남발하는 난폭한 교사가 되거나, 완전히 무기력한 좀비 교사로 전락합니다.

이렇듯 자신의 교육관을 가지는 것은 대단히 중요합니다. 교육관에 의거하여 충분한 성찰을 거친 끝에 선택한 처치가 아니라 그때그때 자신도 설명하기 어려운 기분·충동·습관에 의해 교육적 처치를 하는 교사는 한마디로 돌팔이입니다. 이는 전문직이 되기 위한 최소한의 기준도 충족시키지 못한 것이기 때문입니다. 전문직의 노동은 결과가 모든 것을 말해 주지 않습니다. 결과가 좋으면 다 좋다 식의 태도도 용납되지 않습니다. 이런 점을 염두에 두면 2008년에 이른바 일제고사에 대해 왜 그렇게 많은 교사들이 분노했는지를 이해할 수 있습니다. 물론 일제고사가 무조건 나쁜 것은 아닙니다. 그러나 적어도 교육이 전문직의 영역이라면 일제고사가 필요한 이유와, 그것이 집행되는 시기·과정·결과·처리에 이르기까지 충분한 이론과 철학에 기초한 토론이 이루어져야 합니다. 여기에 대해 반대하는 교사는 이론적으로 논박되어야지 폭력적으로 해고 위협을 받아서는 안 됩니다. 그리고 실제로 이론적으로 논박된 쪽은 일제고사를 강행하려는 쪽이었습니다. 그렇다면 이는 실시되어서는 안 되는 것이었습니다.

　그런데 당시 교과부와 교육청은 자기들 멋대로 정한 정책을 강요하면서 교사들에게 무조건적인 복종을 강요하였습니다. 이때 나름의 교육관·철학을 갖춘 교육자들은 자신들의 교육관이 이를 용납할 수 없었고, 이 평가가 시대에 뒤떨어지며, 현 시점에서 우리가 추구해야 하는 교육과 너무도 상치되는 것이기 때문에 반대했던 것입니다. 그런데 이들은 모진 위협과 심지어 해임이라는 중징계까지 당했습니다.

　저는 일제고사에 찬성한 교사들을 비난하지 않습니다. 찬성할 수도 있습니다. 정작 비난받아야 할 부류는 일제고사가 정말 필요하다고 근거에 따라 동의한 것도 아니면서, 단지 위에서 시키는 일이라는 이유 때문에 여기에 적극 협조했던 부류입니다. 즉 찬성도 반대도 하지 않으며 단지 시키니까 하는 그런 부류 말입니다. 이들은 교육의 전문성·자주성이라는 헌법상의 권리와 의무를 무시한 자들로서, 교육자로 불릴 자격이 없으며 자격 미달로 해고되어 마땅한 무리인 것입니다.

　저는 스스로 정치적으로 좌파이며 교육철학적으로는 진보주의라고 밝히는 편입니다. 저는 그것이 옳다고 믿고 있으며, 옳은 이유를 논리적으로 제시할 수 있고, 다른 교사들에게 저의 교육철학을 받아들이도록 설득할 준비가 되어 있습니다. 그러나 모든 교사가 저와 같은 교육관을 가져야 한다고 생각하지는 않습니다. 만약 철저하게 우파적·보수적 교육관을 가진 교사가 있다면, 저는 그가 스스로의 교육관을 의식하고 논리적으로 설명할 수 있는 한 그를 최대한 존중할 것입니다. 그렇다고 논박하지 않겠다는 것은 아닙니다. 철학을 가진 상대에게 해 줄 수 있는 최대한의 예우는 철저한 논박이니까요. 물론 지금까지 자신을 보수적이라고 주장한 교사들은 저의 논박을 견디지 못해 화를 내거나, 심지어 논박당했는지도 모르고 했던 말을 무한 반복하는 경우가 대부분이었습니다. 이런 교사들은 보수적인 교육철학을 가진 것이 아니라 철학이 없는 것입니다. 그들은 여러 가능성 중에 보수를 선택한 것이 아니라 알고 있고 생각할 수 있는 것이 그것밖에 없어서 보수적일 뿐입니다. 그것은 보수적인 교육관이 아니라 단지 습관과 고집에 불과합니다.

경우에 따라 철저하게 경쟁주의적 교육관을 가진 교사도 있을 수 있습니다. 그들 역시 경쟁교육이 가져올 학생들의 심신상의 피폐함을 벌충하고도 남을 어떤 교육적인 효과를 정당화할 수 있다면 인정하겠습니다. 비록 동의하지는 않지만 의미 있는 이견의 하나로 간주하겠다는 말입니다. 그러나 단지 세상의 흐름, 세간의 의견에 자기도 모르게 휩쓸려 그리 생각하는 것이라면,

자신이 받은 교육이 경쟁교육뿐이라서 다른 가능성을 생각할 수 없어 그리하는 것이라면, 저는 그런 교사들을 경멸할 것입니다. 동료 교사라는 이유로 무작정 존중하는 것은 결코 바람직한 자세가 아닙니다. 교사다운 교사와 그렇지 않은 교사를 철저히 가리는 것이 바로 올바름이며 어짊입니다.

여기서 다시 정리하자면 교육관이란 미리 정해진 어떤 특정한 것이 아닙니다. 다만 복수의 가능성과 관점 속에서 충분한 성찰과 검증을 통해 형성되어야 하는 창발적인 것입니다. 이렇게 해서 형성된 교육관은 논리적이고 과학적인 근거를 통해 정당화될 수 있어야 하며, 이렇게 정당화된 교육관은 모두 존중되어야 합니다. 이런 교육관을 가진 교사라면 더 나은 이유를 제시할 경우 언제든지 자신의 교육관을 수정·변경할 준비가 되어 있을 것입니다.

하버마스는 근거를 들어 타당성 주장을 하며, 만약 더 나은 근거가 제시되었을 경우 자기주장을 포기·수정할 수 있는 태도를 '합리성'이라고 하였습니다. 바로 여기서 교육관과 아집의 차이가 분명해집니다. 교사라면 마땅히 자신의 교육관을 가져야 하지만, 결코 아집에 사로잡혀서는 안 됩니다.

마지막 편지

"사실 그동안 전문성이라고 하면 베버가 말한 '차갑고 영혼 없는 전문가'의 속성을 떠올려 온 것이 사실입니다. 하지만 이 전문성은 차라리 듀이가 말한 '자유로운 연구자들의 공동체'의 속성에 가까울 것입니다. 교사는 정해진 매뉴얼에 정통한 전문가가 아니라 자신의 영역에 대한 애정과 창의적인 정신을 발휘하는 전문가가 되어야 합니다. 교사의 전문성 신장은 교사뿐 아니라 사회 전체적으로 전문성이라고 하는 것의 새로운 의미 정립을 위해서도 중요한 일이 될 것입니다."

전문성 신장을 위해
분투하는 교사

교사의 전문성은 단지 전공 지식이나 교육학에 기능적으로 숙달되는 것 이상을 뜻합니다. 이는 무수한 지식의 네트워크에서 학생들에게 가장 도움이 될 수 있는 것들을 선택할 수 있고, 그것에 적합한 교육 방법을 선택·구상할 수 있으며, 학생들이 새로운 지식과 방법의 생산자로 설 수 있게 이끌 수 있는 능력입니다. 이러한 전문성은 당연히 오랜 연구와 교실에서의 경험이 필요하며, 일반인은 물론 전문 연구자도 쉽게 넘볼 수 없는 능력입니다. 이를 끈질기게 연마하고 적극적으로 사회에 드러낼 때 우리에게 가해 오는 부당한 압력과 비난은 중단될 것입니다.

그러나 안타깝게도 많은 교사들이 적극적으로 전문성을 신장하고 있다 보기에는 어려운 것이 현실입니다. 하지만 이를 마냥 교사들의 안일과 나태로만 몰아세울 수는 없습니다. 부지런하고 의욕적인 교사들마저 중년기가 되면서 지치고 냉소적이 되어 안일과 나태의 대열에 합류하는 경우가 많기 때문입니다. 교사의 전문성 신장을 가로막는 여러 구조적 장벽들이 있는 것입니다. 이 장벽들은 교사 집단 바깥에서 형성된 사회적·제도적 장벽일 수도 있고 교사 집단 내부에 형성된 문화적·관습적 장벽일 수도 있습니다. 간단하게나마 이런 장벽들을 한번 짚어 보겠습니다.

전문성 신장을 가로막는 외부의 장벽들

① 부족한 기자재

아무리 유능한 의사라도 청진기 하나로 암을 치료할 수는 없습니다. 교사의 전문성 역시 그것을 발휘할 수 있는 하드웨어의 제약을 받습니다. 교실에 빔 프로젝터가 있고 없고에 따라 수업을 구상할 수 있는 범위가 달라지며, 냉방 시설이 있는 교실과 없는 교실의 수업은 하늘과 땅 차이가 납니다. 이런 점에서 대한민국 학교의 실태는 비참합니다. 시설은 낡고, 시대에 뒤떨어졌으며, 경직되고 비대한 관료제로 인해 업그레이드도 매우 더디고, 학교 간 편차도 심합니다. 학교의 각종 시설 환경은 흡사 '타임캡슐'을 연상시킵니다. 그나마 신형 시설과 기자재가 공급되어도 설치되는 그 순간부터 어떻게 활용할 것인가가 아닌 분실·파손을 염려하게 만드는 잡무거리로 여겨 버립니다. 적극적으로 활용되는 시설과 장비는 고장이 나고 파손되는 것이 정상이지만, 이런 정상적인 생각을 갖추기에도 학교관리자라는 지위는 너무 비정상적인 모양입니다.

② 전문성 신장을 가로막는 공간

교사들의 공간적 환경은 전문성 신장에 최악이며 적대적입니다. 교무실 배치를 보면 최소한의 공간에 최대한의 교사를 몰아넣으려는 목적 외에는 없어 보입니다. 이런 공간에서는 연구도 휴식도 불가능하며 그나마 비좁은 공간을 컴퓨터가 차지한 다음부터 할 수 있는 일이라고는 행정사무 아니면 인터넷 쇼핑뿐입니다. 초등 교사들은 교실을 연구실로 사용하는 경우가 많지만 이는 궁여지책에 불과합니다. 개별 연구실이 어렵더라도 교사 전용 도서실, 세미나실 등만 있어도 교사문화가 전문성 신장에 친화적으로 바뀔 것입니다. 이런 시설이 마련되어 있는 학교가 있긴 하지만 이 경우도 활용보다는 관리에만 신경 쓰느라 잠겨 있기 일쑤입니다.

③ 유인동기 부족

전문성 신장을 교사 개개인의 열정과 윤리에 맡겨 두자는 것은 낭만적 발상입니다. 전문성 신장은 노고와 비용을 요구하며, 유인동기가 없다면 일부 열정적 교사들을 제외하고는 자발적으로 나서기 어려울 것입니다. 아시겠지만 대한민국의 학교는 전문성을 신장해도 별 이득이 없고, 하지 않아도 별 손해가 없는 체제입니다. 전문성 신장의 유인동기가 없는 것입니다. 무엇보다도 전문성은 승진에도 아무런 기여를 하지 못합니다. 전문성 신장이 경제적 보상, 명예, 승진에도 별 도움이 되지 않는다면 소수의 특별한 교사를 제외하고는 자발적으로 전문성 신장에 나서지 않을 것입니다. 그나마 교육당국이 제공하는 얼마 안 되는 전문성 유인동기는 주로 부정적 보상에 의존하려 들거나 쥐꼬리만 한 혜택을 주면서 그것을 빌미로 산더미 같은 간섭을 하려 들어 교사의 자존심을 손상시킵니다.

④ 행정사무와 낡은 관행

교사가 행정사무까지 보는 것은 교사의 전문성뿐 아니라 행정직원들의 전문성도 손상시키는 최악의 조합입니다. 교사 전문성 신장의 첫걸음은 행정사무를 하지 않는 것에서 시작되어야 합니다. 행정 비전문가인 교사가 각종 행정사무를 적당히 나눠 가지는 것은 행정직원에게도 모욕이라고 보아야 합니다. 행정 업무를 행정식원이 전담하게 되면 비로소 그들은 쓸데없고 불합리한 잡무를 분석하고 이를 간소화·합리화하려는 노력을 할 것입니다. 즉 행정전문가가 되는 것입니다. 반면 교사는 교실에 집중하지 않을 수 없게 됩니다. 지금까지 행정 잡무는 무능한 교사들의 도피처였습니다. 아무리 엉터리로 수업을 해도 공문서 몇 장 처리하면 용서가 되었습니다. 하지만 행정 잡무가 사라지면 무능한 교사가 도피할 영역이 없기 때문에 도리 없이 교실에 집중해야 합니다.

⑤ 남성 지배의 문화

교사들 대다수가 여성입니다. 따라서 젠더 문제를 고려하지 않고는 교사 문제를 다룰 수 없습니다. 많은 여교사들이 교사와 주부라는 이중 지위를 가집니다. 그런데 주부라는 지위가 전문성 신장을 위해 사용되어야 할 소중한 시간을 빼앗아 가는 경우가 많습니다. 남성에 비해 여성은 전문성 신장을 위해 시간을 사용하기가 어렵습니다. 많은 여성들이 남는 시간에 각종 가정 유지 노동을 해야 합니다. 부부교사가 아닌 경우 여교사가 배우자에게 동등한 가사노동을 요구하는 경우가 그리 많지 않은 것입니다. 그런데 여교사의 배우자들이 대체로 여론 주도층이라는 점이 더욱 문제입니다. 불행히도 많은 여교사들은 대기업에 다니는, 혹은 전문직 종사자인 배우자에게 자신의 일이 그들의 일보다 더 어렵고 사회적으로 중요할 수 있다는 확신을 심어 주지 못하고 있습니다. 심지어 교사 일을 하느라 아이에게 신경을 못 써서 미안하다고 말하는 경우도 있습니다. 하지만 배우자인 전문직 남성들은 일하느라 집에 두고 온 자녀에게 미안해 하는 경우가 거의 없습니다. 그 결과 남성들이 주류를 이루는 직종은 열정과 패기로 전념하는 이미지가 형성되고, 여성들이 주류를 이루는 교사는 주부가 적당히 겸직해도 되는 정도의 일이라는 이미지가 만들어집니다. 이것은 실로 무서운 이미지입니다. 이 마음속의 불평등을 극복해야 합니다. 전문성 신장의 장벽은 가정에서부터 제거해야 합니다.

전문성 신장을 가로막는 이러한 외부 장벽들은 제도적이거나 문화적인 것이라 교사 자신에게는 문제가 없는 것처럼 착각할 수 있겠습니다. 하지만 실상 외부의 장벽 못지않게 교사들 스스로 가지고 있는 장벽도 만만치 않습니다.

내면의 장벽

① 자유를 번거로워 하는 타성

주로 중년층 이상 교사들의 성장을 가로막는 주된 원인입니다. 사실 전문직은 자율성을 가질 수 있지만 그것을 위해 치러야 할 책무성이란 비용을 요구합니다. 수업을 스스로 구상해서 실시하는 것은 매우 고달픈 일입니다. 그냥 정해진 교육과정과 교과서에 따라 기계적으로 반복하는 수업이 훨씬 노고가 덜 드는 것이 사실입니다. 그러니 편하게 정해진 수업만 하고 남는 시간을 여흥과 쇼핑으로 탕진하는 교사가 많은 것도 사실입니다. 하지만 이 안락함은 자율성을 포기한 대가, 즉 노예의 안락함입니다. 물론 교사를 부러워하는 시선이 전문성보다 노예의 안락함에 끌렸기 때문인 것이 현실입니다. 어쩌면 젊은이들 중에는 이 노예의 안락함을 누리기 위해 열심히 공부해 교사가 된 사람이 있을지도 모릅니다. 하지만 지금 교사에 대한 좋은 대우는 사회적 합의가 되지 않은 비정상적인 과도기에 불과합니다. 노예의 안락함에 안주하고 있는 교사에게 지금과 같은 대우를 하는 것은 사회적 낭비입니다. 하루에 4~5시간 정도만 노동하고, 1년의 1/3이 휴가인 이유는 남는 시간 동안 전문성을 신장하라는 것이지 놀거나 쉬라는 것이 아닙니다. 1999년 캐나다 교원노조의 투쟁 슬로건이 '하루 1시간 공강 시간 확보!'였음을, 레이건 시절 미국 교사들이 하루 45분의 비는 시간을 지키기 위해 치열하게 투쟁했다는 사실을 알아야 합니다. 그렇다면 하루에 2~3시간씩 남는 시간을 의미 없는 웹서핑, 수다 등으로 탕진하는 비정상적인 상태가 얼마나 더 유지될 수 있을지 의심할 수밖에 없을 것입니다.

② 교육학 소비자주의

교육학은 이미 완결된 매뉴얼이 아니라 구체적인 교육을 통해 수정·보완·발전되어야 하는 일련의 실천입니다. 따라서 교육학과 수업은 구별되지 않으며, 교육학자와 교사도 구별되지 않습니다. 교실은 단지 교육학이 적용되는 공간이 아니라 생성되는 공간이기도 합니다. 그러나 많은 교사들이 교육학을 배우고 익혀야 할 완성된 교수학습 패키지로 인식합니다. 부지런한 교사들조차 교육학의 생산자가 아니라 소비자로 머물러 버리는 경우가 많습니다. 하지만 그나마도 창조적으로 변화·발전시키기보다 기계적으로 적용한 뒤 '역시 한국 현실에서는 이런 수업이 안 돼'라며 지레 포기해 버리기가 일쑤입니다. 그래서 젊어서는 다양한 교수학습을 시도해 보다가 나이 들어 갈수록 단순 강의형에 안주해 버리는 불행한 일상이 반복됩니다. 그러면서 학교 현장을 모르는 교육학자들의 탁상공론을 비판합니다. 하지만 학교 현장을 아는 교육학자가 달리 있겠습니까? 교사 외에 누가 학교 현장을 알겠습니까? 그러니 교사가 교육학의 소비자인지 생산자인지에 대한 답은 분명해질 수밖에 없습니다.

③ 행복관의 부재

이런 분도 있을 수 있습니다.

'당신이 말한 것이 옳다고 치자. 하지만 난 수업 대충 하고, 월급이나 받고, 남는 시간을 쇼핑하고, 친구 만나 수다 떨고 사는 것이 더 행복하다. 무엇 때문에 아무 보상도 없이 스스로를 힘들게 만든단 말인가?'

물론 이는 매우 영리한 선택일 수 있습니다. 하지만 이런 삶의 태도에서는 행복이 존재하지 않습니다. 행복은 자신의 타고난 본성을 실현할 때 도달할 수 있습니다. 우리는 타고난 본성보다 외부에서 강요된 기준에 따르도록 강요받으며 성장했습니다. 교사인 우리 역시 잘못된 교육의 희생자입니다. 우리는 무의식 중에 외적인 행복을 추구하는 습관을 가지게 되었습니다. 하지만 그런 외적인 행복은 결과를 얻으면 얻을수록 새로운 욕망을 낳는 허무한 행복입니다. 만약 미결정적 주체인 아이들이 자신의 타고난 본성을 실현하는 성장 과정에서 얻는 행복에 공감해

본 그 아름다운 경험을 한 번이라도 겪는다면, 우리는 저 허무한 행복에서 벗어날 수 있을 것입니다. 그래서 프뢰벨은 아동의 교육은 잘못 교육받은 어른이 자신을 고칠 수 있는 치유라고 말했던 것입니다.

④ 원자화 경향

최근 성실하고 진취적인 젊은 교사들일수록 자주 토로하는 고민이 일이 너무 많고, 힘들고, 바쁘다는 것입니다. 수업 준비하는 것도 벅차고, 처리해야 할 업무도 산더미처럼 보이고, 면담은 또 어찌해야 할지 깜깜합니다. 그런데 이렇게 고민하는 교사들의 공통점은 이 모든 것을 홀로 한다는 것입니다. 홀로 자료 준비하고, 홀로 면담 준비하고, 홀로 업무를 처리합니다. 동료나 선배는 단지 고충을 토로하고 동정심이나 공감을 얻어 내는 대상일 뿐, 함께 공부하고 함께 준비하는 모습을 찾기가 어렵습니다. 하지만 지식은 소통과 공유를 통해 생성되지 결코 고독한 은둔을 통해 형성되지 않습니다. 안다는 것은 행함이며 행함은 곧 말하는 것이고, 말함은 곧 공동으로 행함입니다. 그래서 공자는 혼자 밤을 새지 말고 스승에게 말하라고 했던 것입니다. 그런데 불행히도 최근 교사사회는 원자화 경향이 강해지고 있습니다. 전교조 역시 과거와 같은 공동의 실천 단위가 되지 못하고 있습니다. 물론 전교조가 시대에 뒤떨어졌다고 비판할 수도 있겠지만, 그렇다고 대체할 만한 새로운 실천 단위가 나온 것도 아닙니다. 이렇게 공동의 실천 맥락에서 떨어져 나온 개체화된 인간은 아렌트의 말을 빌리면 모두 '잠재적인 나치'입니다. 우리는 나치들에게 전문성을 기대할 수 없습니다.

지금까지 교사의 전문성 신장이 필요한 이유, 그리고 그것을 가로막는 장벽들에 대해 살펴보았습니다. 사실 그동안 전문성이라고 하면 베버가 말한 '차갑고 영혼 없는 전문가'의 속성을 떠올려 온 것이 사실입니다. 하지만 이 전문성은 차라리 듀이가 말한 '자유로운 연구자들의 공동체'의 속성에 가까울 것입니다. 교사는 정해진 매뉴얼에 정통한 전문가가 아니라 자신의 영역에 대한 애정과 창의적인 정신을 발휘하는 전문가가 되어야 합니다. 교사의 전문성 신장은 교사뿐 아니라 사회 전체적으로 전문성이라고 하는 것의 새로운 의미 정립을 위해서도 중요한 일이될 것입니다.

이제 저의 편지는 여기서 마무리하려고 합니다. 아무쪼록 건승을 빕니다.

첫 번째 편지

"이 책 속에 저의 경험담을 총동원해서 교사란 무슨 일을 하며 또 해야 하는가, 교사는 어떤 어려움을 극복하고, 어떤 곳에서 삶의 가치를 얻어야 하는가를 최대한 드러내 보이려고 했습니다. 즉 교사로서 살면서 행복하려면 어떻게 해야 하는가를 최대한 보여 주려 했습니다. 그래서 버리기 아까운 철밥그릇을 받기 전에 미리 생각해 보고 결정하는 데 도움이 되기를 희망합니다. 이미 밥그릇을 받아 버리면 그것을 물리기란 너무 어렵기 때문입니다."

작가의 말을
대신하여

'시쳇말 한다'라는 말이 있습니다. 어쩌면 젊은 분들은 이 말을 잘 안 쓸지도 모르겠습니다. 하지만 우리 세대는 이 표현을 제법 썼습니다. 물론 그리 품위 있는 표현은 아니라고 생각했습니다. 그런데 정작 그 뜻은 잘 모릅니다. 그래서 사전을 찾아보았더니 '시쳇말(時體—), 그 시대에 유행하는 말'이라고 되어 있었습니다. 그러니까 '시쳇말 한다'고 하면 이는 '유행하는 말을 빌리자면'이란 뜻이 됩니다.

느닷없이 첫마디부터 웬 시쳇말 타령인가 하면, 만약 누군가가 저에게 20여 년 교사 경험에 대해 말해 달라고 하면 저는 시쳇말로 '맨땅에 헤딩했다'라고 대답할 것이기 때문입니다. 이 맨땅에 헤딩이라는 말은 제가 처음 교사 생활을 시작할 무렵에 꽤 유행했던 말입니다. 그러니까 시쳇말이죠.

맨땅에 헤딩. 생각만 해도 무척 아플 것 같습니다. 물론입니다. 정말 아픕니다. 이 아픔을 생생하게 전하고 싶어 저는 굳이 '전문적인 지식이나 준비 없이, 그리고 충고나 지침, 도움 없이 무작정 어떤 과업이나 책무를 감당해야 하는 상황'에서 교직을 시작했다는 말 대신 '맨땅에 헤딩했다'라고 표현한 것입니다.

여기서 '맨땅'이란 아무런 인프라나 환경이 조성되어 있지 않았다는 의미이며, 헤딩은 아무런 도구나 지식 없이 그야말로 몸으로 무작정 부딪쳤다는 의미입니다. 그러니 제가 교직 생활 23년을 맨땅에 헤딩한 시간으로 표현한 까닭은 아무런 도움과 준비 없이 무작정 교실에 투입되었고, 어떤 사전 지식도 기술 전수 과정도 없이 무작정 학생과 부대끼면서 닥치는 대로 교육이라 불리는 행위를 해 왔기 때문입니다. 돌이켜 생각해 보면 교육을 했다기보다는 교실에서 아이들과, 아니 교무실 컴퓨터 앞에서, 공문서 속에서 그냥 허우적거리다 보니 20여 년이란 시간이 지나간 것도 같습니다. 그 과정에서 과연 가르치기나 했는지 의심스럽고, 또 부끄럽습니다.

제가 이렇게 말하면 저를 잘 아는 동료 교사들이나 제자들, 그리고 책이나 인터넷 블로그 등에서 저를 만나 본 분들은 몹시 놀랄지도 모르겠습니다. 대놓고 자랑하는 것 같아 좀 민망하지만 저는 나름대로 꽤 능력 있는, 또 철학적·교육학적 기반을 갖춘 교사로 알려졌기 때문입니다. 저를 그렇게 알고 있는 분들께 23년간 맨땅에 헤딩했다고 말하니 저에 대한 환상이 깨질지 모르겠습니다.

혹은 저를 잘 모르는 분들께 이 말은 소름 끼치는 이야기가 될는지도 모르겠습니다. 한 해에 수백 명의 청소년들에게 어쩌면 치명적일 수도 있는 영향을 끼치는 교사가 아무런 준비도, 지침도, 조언도 없이 무작정 닥치는 대로 교실에서 허우적거리며 그것도 20년을 넘게 헤집고 다녔다니 말입니다.

이게 얼마나 소름 끼치는 말인지 실감 나지 않는다면 이걸 그대로 의사에게 적용시켜 봅시다. 만약 처음 병원에 부임하는 의사가 아무런 지침도 없이, 선배들의 조언이나 도움도 없이, 단독으로 환자와 대면해서 각종 치료나 심지어는 수술까지 감당해야 한다면 여러분은 이런 상황을 눈감고 넘어갈 수 있겠습니까? 당장 난리가 났을 것입니다.

더군다나 어떤 의사가 20년 동안이나 그런 식으로 맨땅에 헤딩해 가며 의사 생활을 해 왔다고 고백한다면? 그것도 꽤 고명하다고 알려진 의사가 그렇게 고백한다면? 아마 병원장부터 의대학장, 보건장관까지 이어지는 큰 파문이 일어났을 것입니다.

우리가 의사에게 기꺼이 몸을 맡기는 것은 실제로는 그런 일이 없음을 알기에 가능합니다. 물론 우리의 믿음과 현실이 일치한다는 보장은 없지만, 우리는 의사들이 의대 6년으로도 모자라서 다시 5년의 고된 수련 과정을 거친 뒤에야 비로소 단독으로 환자를 상대한다고 알고 있습니다. 그래서 우리와 마주하고 있는 의사가 풋내기가 아니라고 믿고 있습니다. 그 의사 뒤에 따라다니는 인턴들이 풋내기인 것이죠.

법관이나 변호사도 그렇습니다. 신참 판사에게 아무리 하급심이라도 대뜸 주심을 맡기는 경우는 없습니다. 같은 자격증을 가지고 있으니 법적인 하자는 없지만 말입니다. 처음 판사가 된 젊은이는 망치를 두드리며 판결을 내려 보고 싶겠지만, 대개는 합의부의 배석 판사로 주심 판사를 따라다니면서 그것도 먼저 좌배석 판사, 다음은 우배석 판사를 거쳐 가며 일을 시작합니다. 신참 판사가 판결하도록 두지 않는 것입니다. 변호사 역시 신참 변호사에게 대뜸 법정 변론을 맡기는 경우는 거의 없습니다. 뜻밖에 법정 변론을 맡게 되어 실수를 연발하는 신참 변호사는 코미디의 단골 소재이기도 하지요.

사람이 아니라 사물을 다루는 직업인 경우에도 '맨땅에 헤딩' 하지 않는 것은 마찬가지입니다. 예컨대 자동차 정비 공장에 가더라도 방금 자격증을 획득한 신출내기 기능사가 대뜸 자동차에 달려들지 않습니다. 일단 공장 청소, 연장 정리부터 하면서 고참 기능사의 작업을 충분히 살펴보고, 엔진오일, 타이어 교체 같은 쉬운 일부터 차례차례 익숙해질 때까지 단계적으로 업무 범위를 늘려 갑니다.

자격 고사를 마치기가 무섭게 불쑥 실무를, 그것도 거의 전적으로 맡기는 경우는 어느 직종에서도 찾아보기 어렵습니다. 만약 대뜸 실무를 담당해야 한다면 반드시 선배들의 지원이 있으며, 대체로 쉬운 업무부터 시작해서 경험을 어느 정도 쌓은 다음에 선배들과 같은 업무를 담당합니다. 신참자가 베테랑의 인도를 받아 업무에 친숙해지는 과정을 거치면서 서서히 업무의 한계와 책임을 늘려 나가는 것, 이건 거의 모든 직종의 상식입니다.

그런데 유독 교사는 그렇지 않습니다. 사람을 다루고 이른바 백년지대계를 담당하는, 그리고 적어도 통계청 직업분류표상에는 '전문직'이라고 분명히 명기된 교사가 말입니다. 특별한 경우가 아닌 한 신규 교사는 일주일 정도의 간단한 연수만 받은 뒤 바로 학교에 배치됩니다. 학교에 배치되면 어떠한 준비 과정이나 적응 과정 없이 즉시 수업을 배당받고, 학급담임을 배당받습니다. 적어도 1990년대에는 경력이 2~3년 붙기 전에는 학급담임을 맡기지 않았지만, 지금은 여지없습니다. 이렇게 신규 교사는 어떤 적응 과정이나 안내 없이 불쑥 교실에 그리고 학급에 던져집니다. 수업을 배당받고, 학급을 배당받으면 그때부터 신규 교사는 베테랑 교사와 동등한 책임·자격·권한을 가지고 업무에 임해야 합니다.

교실은 참으로 무서운 공간입니다. 어린이나 청소년은 매우 사랑스러운 존재들이지만 그들의 미숙함은 때로는 무시무시한 공포의 요인이 될 수도 있습니다. 이 무서운 공간에 신규 교사가 고독하게 들어갑니다. 누구도 도와주지 않습니다. 일단 교실에 던져지면 모든 것을 혼자 책임져야 하며 경력 십 년이 넘는 베테랑 교사와 똑같은 자격에서 일해야 합니다. 어처구니없지만 이게 현실입니다. 저 역시 그랬습니다. 발령장 들고 학교에 찾아가서 착임계 쓰고, 그날 오후부터 바로 수업에 투입되었습니다. 그때는 그러려니 했습니다. 그런데 다시 생각해 보고 병원이나 자동차 정비소에 비유해 보니 정말 아찔한 노릇이었습니다.

물론 그것이 교사를 존중하는 유교적 전통의 흔적이라고 말할 수도 있겠습니다. 일단 교사의 자격을 얻은 이상 아무리 나이가 젊더라도 혼자서 충분히 교육적 판단을 내릴 수 있다고 믿고, 베테랑 교사와 동등한 자격으로 투입된 것이다라고 좋게 해석할 수도 있습니다.

뒤르켐이 말한 대로 사회는 설사 나이가 20대라 하더라도 교사를 부모의 자격으로 대해야 하는데, 여기에 충실한 것일지도 모릅니다.

하지만 뒤르켐은 프랑스인이죠. 여기는 대한민국입니다. 그리고 제 경험으로 볼 때 대한민국은 교육 정책과 시스템에서 교사에 대한 존중은 눈곱만큼도 찾아볼 수 없는 나라입니다. 오히려 곳곳에 교사에 대한 멸시와 모욕의 장치가 도사리고 있는 나라입니다. 사회 전반적으로도 과거 취업률이 높을 때는 교사를 무시했고, 요 근래 취업률이 낮을 때는 교사를 시기하는 분위기입니다.

그러니 신규 교사를 곧장 베테랑 교사와 같은 권한을 가지고 투입하는 것은, 교사를 존중해서라기보다는 멸시하고 하찮게 여기기 때문이라고 보는 편이 훨씬 현실적일 것입니다. 그러니까 '아무리 젊더라도 교사이니만큼 믿고 맡기겠습니다'라는 의미라기보다는 '이 정도 일이야 대학만 나오면 다 할 수 있는 일 아니겠습니까'라며 베테랑 교사를 멸시하는 것입니다. '자, 나이 쉰이 다 되어서도 교장·교감 못 된 너희들은 신규 교사나 별다를 것 없다'라는 멸시 말입니다.

설마라고요? 1998년, 당시 김대중 정부는 교육개혁의 일환으로 65세까지이던 교사의 정년을 62세로 단축했습니다. 도대체 정년을 단축하는 것이 왜 교육개혁이라는 말로 포장되었을까요? '정년 단축으로 고령 교사 한 명이 퇴직하면 젊은 신규 교사 두 명을 채용할 수 있다'라는 당시 정부 관계자의 말속에 답이 있습니다. 국민의 정부라는 이름답게 그 말속에는 국민이, 이 나라가 교사에 대해 가지고 있는 관념이 녹아 있습니다. 교사는 젊을 때는 잘하다가 나이를 먹어 갈수록 소진되어 가는 존재, 경력이 쌓이면 쌓일수록 더 노련하고 유능한 게 아니라 다만 퇴물이 되어 가는 존재에 불과했던 것입니다. '늙은 교사를 해고하고, 젊은 교사 둘을 고용하라', 여기에서 무슨 교사에 대한 존중을 찾을 수 있겠습니까?

냉정하게 따져 보면 사태가 이렇게 된 데에는 베테랑 교사들 자신의 책임도 매우 큽니다. 그만큼 베테랑 교사가 제 역할을 못 했던 것입니다. 아니 젊은 교사들에게 도움이 되기는커녕 오히려 방해만 되었고, 그래서 정년 단축에 대해 젊은 교사들까지 찬성하게 만들었던 것입니다.

당시 젊은 교사들에게 베테랑 교사, 혹은 교장·교감은 잔소리꾼 아니면 일 떠넘기는 귀신들에 불과했습니다. 물론 그들 나름대로 선배로서 신규 교사에게 이런저런 조언, 더 나아가 간섭을 했습니다. 다만 교실 수업에 대한, 학생 지도에 대한 조언과 관여가 없었을 뿐입니다. 정작 교실에서는 죽든 살든 알아서 하라고 내던져 두고는 엉뚱하게 각종 공문서 작성, 행정업무 처리,

그밖에 교실 청소, 질서 지도, 학생 복장 지도 따위에 대해 거의 잔소리라고 할 만큼 관여가 빈번했습니다.

저 역시 신규 교사 시절 노련한 선배로부터 교실에서 무엇을 가르쳐야 할지, 학생들과의 관계는 어찌 풀어 가야 하며, 예상되는 곤란은 무엇이며 어떻게 극복해야 하는지에 대해 어떤 조언도 들어 본 적이 없었습니다. 선배들이 도와주지 못하니 그런 문제들을 비슷한 또래의 젊은 교사들끼리 모여서 같이 고민하고 같이 공부하면서 해결했습니다(이게 전교조의 출발점입니다).

베테랑 교사들은 도리어 연구수업·공개수업·시범수업 등의 행사라도 있으면 젊은 저에게 미루었습니다. 그들의 논리는 '대학 졸업한 지 얼마 안 되었으니 더 많은 것을 알고 있을 것 아니냐'라는 것이었습니다. 그 말이 저에게는 매우 해괴하게 들렸습니다. 경험 많은 교사가 젊은 교사에게 시범을 보이는 게 옳지 어떻게 신규 교사가 그 역할을 담당한단 말입니까? 그렇다면 교사는 대학 졸업하면 아무것도 더 배우지 않는 사람이란 말입니까? 경력 십 년이 넘는 교사는 십 년 넘도록 아무 공부도 안 한 사람이란 말입니까? 둘 다 문제 있기는 마찬가지였습니다.

이게 교사가 된 1992년에 제가 경험한 선배 교사들의 모습이었습니다. 제가 편견을 가지고 봐서 그런지 모르겠지만 말입니다. 그들은 '하찮은 수업 따위'는 대충 진도만 맞추고, 그나마도

해가 갈수록 더욱 무성의하게 그리고 형편없이 그야말로 시간을 때우고, 그 대신 공문서 처리, 청소 감독, 혹은 자습 시간에 조용히 시키기, 운동장 행사 때 줄 잘 세우기 따위의 '거룩한 일'에 전념해야 교장·교감에게 높은 평가를 받는다는 것을 이미 잘 알고 있었던 것입니다. 그나마 수기로 작성하던 공문이 워드 프로세서로 출력하는 방식으로 바뀌자, 컴퓨터를 잘 모른다는 이유로 그 일까지 젊은 교사들에게 떠넘겼습니다.

교장은 저의 수업에 대해서는 관심이 없었고, 교실에서의 상호작용에도 관심이 없었습니다. 설사 관심이 있었다 해도 저를 지원해 줄 지적·학문적·도덕적 자원은 전혀 가지고 있지 않았습니다. 그분은 이미 교실에서 수업을 안 한 지 너무도 오래되어 단 20분의 수업도 제대로 하기 어려운 상태였습니다. 명색이 한국 최고의 교원양성기관 출신이라는 서울사대 출신 교장인데도 그랬습니다.

교장·교감의 관심사는 교육청이 기한을 정한 공문서를 제때 처리하는지, 혹은 전교조라도 가입하지 않았는지(당시에는 전교조에 가입하는 것이 불법이던 시절이었습니다) 따위였습니다. 때로 그들이 교실에 관심을 가질 때가 있기도 했는데, 유감스럽게도 그들의 교실 수업 판단 기준은 오직 하나 '소란/조용' 척도뿐이었습니다. 간혹 교육학 교과서에 나오는 용어를 들먹이며 수업 비평이랍시고 하기는 했지만 참으로 공허한 것이었습니다. 실제 그렇게 수업을 하고 있는 사람이 아니라 장학사 시험을 위해 달달 외웠던 교육학 문제집의 내용임이 너무 뻔히 보였기 때문입니다.

학교 운영은 그야말로 주먹구구, 변덕 그 자체였습니다. 절차와 규정이 아니라 교장의 자의에 따라 이리 갔다 저리 갔다 하기 일쑤였습니다. 게다가 그들은 한사코 책임을 지지 않으려 했습니다. 때때로 교장에게 뭔가 문제 제기를 하거나 질문을 하면 그들의 첫 번째 대답은 "누가 그런 말을 하느냐?"였고, 뭔가 새로운 걸 시도하려 하면 무조건 반대하면서 "문제 생기면 누가 그걸 책임지느냐"고 손사래를 쳤습니다. 면피로 일관된 그들의 30년 교직 생활의 편린이 느껴지는 말이 아닐 수 없었습니다.

저는 이런 상황에서 도대체 교사란 무엇인지, 대체 무엇을 하는 사람이며 무엇을 해야 하는 사람인지 다시 생각하지 않을 수 없었습니다. 저 나름대로는 아주 큰 뜻과 각오를 품고 진출한 교직이었기에 더욱 그랬습니다.

교사에 대한 표면적인 수사와 실상은 너무 달랐습니다. 표면적으로야 백년지대계를 책임지는 성스러운 사명 어쩌고저쩌고 하면서 수다스럽게 떠들었지만, 실상은 학교라는 행정기관에서 말단 행정직 노릇 잘하고 교실이라는 감옥에서 간수 노릇만 잘하면 되는 그런 자리였던 것입니다. 말로는 입시교육이 아이들을 멍들게 하네 어쩌네 했지만(요즘은 아주 뻔뻔해져서 교장들이 앞장서서 학부모의 요구라는 미명하에 입시교육을 대놓고 주장하는 판이니 더 말할 것도 없습니다만), 정작 입시교육을 하지 않으면 비난받는 존재가 교사였던 것입니다. 말로는 창의적 지식인이니, 전문직이니 했지만 실상은 늘 하던 것, 늘 있던 것만 반복 수행해야 인정받는 존재가 교사였습니다.

대충 시간만 때우면서 주어진 공문서에 칸이나 채우고, 수업 시간표 구멍 안 나게 교실에 들어가면 퇴출은커녕 월급도 올라가는 것이 교사요, 도리어 뭐 좀 더 잘해 보겠다고 나서면 교육 관료 눈 밖에 나서 각종 불이익을 받을 수 있는 것이 교사였습니다. 이렇게 무탈하게 한 해 두 해 보내면서 호봉이 올라가면 그게 베테랑 교사였고, 행정·경영 분야의 진짜 전문가가 보면 아마추어 수준에 불과한 거짓 공문·거짓 보고서나 잘 작성하면 그게 유능한 교사였습니다.

젊은 신임 교사가 수업을 더 잘하고 학생들의 호응을 독차지할 때 그것을 보고 부끄러워하기는커녕 오히려 당연하게 생각하면서 "나도 젊을 때는 그랬다. 너도 나이 들어 봐라"라고 말하던 사람들이 소위 선배 교사들이었습니다. 이들 선배 교사들은 도대체 교사로서 나이 먹어 가는 것, 교사로서 한평생을 살아가는 의미가 무엇인지, 그리고 그 가치가 무엇인지 보여 주기는커녕, 한 번도 생각해 본 적이 없는 것 같았습니다.

하지만 어떤 점에서 그들은 저에게 귀감이 되었습니다. 귀감은 꼭 바람직한 모습만 보이는 것이 아니라 그 반대도 성립하는 법이니까요. 저는 그들 덕분에 결심했습니다. 나이 들더라도 절대 저런 교사가 되지 않겠다, 그리고 나중에 후배 교사들이 닮고 싶고, 또 도움받고 싶은 그런 교사가 되겠다고. 베테랑으로서 후배들에게 많은 지원·격려·조언을 주고, 절대 그들이 맨땅에 헤딩하지 않게 하겠다고.

그랬던 저도 이제 나이를 먹었습니다. 이제 어느덧 23년이라는 경력이 쌓였습니다. 그 23년 동안 담임교사를 17년 했습니다. 최고 호봉까지 6호봉 남았습니다. 어느덧 은퇴라는 말이 부쩍 가깝게 느껴지고 있습니다. 저는 정년 62세까지 근무할 마음은 없습니다. 나이를 먹을수록 저하되는 체력과 둔해지는 감각을 누적된 지식과 지혜로 보충하기 어려워지는 순간, 그때가 바로 저의 은퇴 시점입니다. 일단 55세 정도가 되지 않을까 예상하고 있지만, 48세가 된 지금도 오히려 젊은 교사보다 아이들과 더 가깝게 지내고, 아이들 문화를 더 잘 이해한다는 말을 듣는 것으로 보아 아직은 싱싱한 모양입니다. 하지만 아무리 길어도 14년만 있으면 정년퇴임이니, 교사로 살아온 나날이 살아갈 나날보다 더 많아진 것만은 분명합니다.

한마디로 저도 베테랑이 되었습니다. 게다가 적어도 공식적인 타이틀만 놓고 따진다면 제법 화려한 베테랑이 되었습니다. 시쳇말로 깔때기 대는 것 같아 민망하지만, 저는 교육학 박사이며, 열 권이 넘는 저서를 냈고, 열 편의 논문을 썼습니다. 전교조 부대변인을 지냈고, 서울대학에서 6년간 강의를 했고, 곽노현 교육감 시절 교육청에서 교육개혁 업무를 맡기도 했습니다. 예전에 한 동료교사가 "나이 45세가 되었을 때도 다만 한 사람의 교사에 불과하다면 무척 부끄러운 인생이다"라고 말했는데, 지금 제가 '다만 뭇 교사들 중의 한 사람'이 아닌 것은 분명합니다.

지금의 저는 25세 때와 비교도 되지 않을 정도로 노련하며, 지식과 자신감은 몇 갑절입니다. 심지어 열정도 고스란히 간직하고 있고 체력도 별 차이 없습니다. 학생들의 호응도 여전해서 20대 젊은 선생님들이 오히려 학생들에게 진부한 사람으로 받아들여질 정도입니다. 자화자찬이 너무 심한 것이 아니냐고 질책할지 모르겠지만, 교사로서 일궈 낸 삶에 대해 이보다 더한 자화자찬을 해도 전혀 민망하지 않을 정도로 자부심을 가지고 있습니다.

이만하면 "너도 나이 먹어 봐라"라고 말하던 그때 그 선배 교사들에게 보기 좋게 한 방 먹여 준 셈입니다. 게다가 지금 내 나이는 그때 그런 말을 하던 선배 교사들보다도 더 많습니다. 그러니 후배들이 선망하고 닮고 싶은 선배가 되겠다는 결심은 얼추 이룬 셈입니다. 함께 근무하는 젊은 선생님들이 저를 존중하고 또 선망하는 것을 어렵지 않게 느낄 수 있습니다. 초심을 잃지 않고 존경받는 선배가 되겠다는 나의 젊은 시절 소망은 어느 정도 이룬 셈입니다.

하지만 절대 후배들을 맨땅에 헤딩하지 않게 하겠다던 두 번째 소망만큼은 제대로 이루지 못했습니다. 이건 변명을 좀 해야겠습니다. 두 가지 문제가 있었습니다. 하나는 새로 부임하는 젊은 교사들이 거의 대부분 여성이었다는 것입니다. 아무래도 중년 남성이 젊은 여성에게 먼저 접근하는 게 쉬운 일은 아니지 않습니까? 자칫 오해를 사기도 쉽고요. 그렇다고 갓 부임한 젊은 여교사가 중년의 남교사에게 먼저 다가오기도 어려운 문제고요.

또 하나는 제도적인 문제인데 우리나라 학교는 아무리 경력이 쌓여도, 심지어 박사학위를 받아도 공식적인 직함은 신규 교사와 동등한 그저 교사라는 것입니다. 이 참으로 재미있는 제도, 엉뚱한 평등 덕분에 제가 나서서 이러쿵저러쿵하기가 무척 어려웠습니다. 저는 늘 교장과 대립 관계였기 때문에 그 흔한 부장

교사도 겨우 한 번 해 보았을 뿐입니다. 그러니 공식적으로 저와 신규 교사는 동등한 평교사였습니다. 그 어려운 관문을 뚫고 엘리트 의식이 하늘을 찌르는 신규 교사들에게 나이 마흔이 넘도록 평교사인 제가 먼저 말을 걸고 감 놔라 대추 놔라 하긴 어려웠습니다. 어려움을 호소하고 조언을 구하는 후배들에게는 아낌없이 도움을 주었습니다만, 그래도 너무 소극적이지 않았느냐 하는 비난을 면키는 어려울 것 같습니다.

이 책을 쓰기로 마음먹은 동기는 바로 이 비난을 좀 모면해 보자는 것입니다. 아무래도 저는 말보다는 글이 강하고, 또 대면 관계에 능하지 않기 때문에 책이라는 매체를 거치는 쪽이 훨씬 결과가 좋을 것이라 생각했습니다. 사실 저는 면대면은커녕 전화 통화조차 꺼려질 때가 있습니다. 물론 학생들과의 대면은 문제없습니다만, 어른들과의 대면은 쉽지 않은 편입니다.

하지만 그것보다도 더 중요한 동기는 자신의 교육 경험에서 우러나오는 조언들을 책으로 남기는 베테랑 교사가 많아져야 한다는 생각이었습니다. 열심히 살아온 베테랑 교사라면 자신이 그동안 누적한 지식과 노하우를 그냥 가지고 은퇴해서는 안 되며, 반드시 후배들에게 남겨 주고 가야 합니다. 그 기록은 교직판 자기계발서류가 되어서는 안 되며, 그야말로 오랜 세월의 경험과 지혜가 녹아 있는 그런 것이라야 합니다.

저의 조언이 절대적이라고 생각하지는 않습니다. 또 이런 종류의 책이 꼭 옳은 말만 수록할 필요도 없다고 생각합니다. 과오는 과오대로, 오류는 오류대로 그대로 드러내면 됩니다. 그래서 비판과 질정에 그대로 노출되면서 서로의 경험을 교류하게 하면 되는 것입니다. 다만 이 책이 그런 라이브러리의 첫 장서가 되었으면 할 뿐입니다.

그렇다고 해서 여기에 수록한 저의 조언이 아주 허황되다고도 생각하지 않습니다. 저는 여기에 나오는 조언들이 틀림없이 젊은 교사들에게 많은 도움이 될 것이라고 믿습니다. 적어도 맨땅에 헤딩은 하지 않을 테니까요. 베테랑 교사들이 계속해서 이런 종류의 책을 내 주신다면, 그리고 갈수록 조언의 범위와 영역이 세분화되고 전문화된다면, 그때부터는 젊은이들이 실로 엄청나게 많은 간접 경험과 조언을 등에 업고 교육 현장에 투신할 수 있게 될 것입니다. 이는 실습 기간은 턱없이 모자라고 임용고시 준비 때문에 교직에 대해 성찰할 기회를 가지기 어려운 사범대나 교대에서, 또 현장과 거의 무관한 탁상공론식 교육이론만 가르치는 우리나라 현실에서 무척 많은 도움이 될 것이라고 확신합니다.

제가 가장 안타까워하는 경우는 가르치는 일이 어떤 것이며 어떤 고충들에 싸이게 될지 전혀 모르는 상태에서 젊은 교사들이 무작정 교실에 투입되고, 아무런 지원과 조언도 없이 악머구리 같은, 반인반수라고도 불리는 아이들에게 사정없이 시달리는 것입니다. 이렇게 준비 없이 시달리다 보면 교직의 매력을 느끼기도 전에 넌더리가 먼저 나며, 넌더리가 났음에도 불구하고 철밥그릇이 아까워서, 또 교사가 되기 위해 그동안 퍼들인 공이 아까워서 마지못해 교사로서의 생명을 근근이 연명하게 됩니다. 나이는 젊은데 교사로서는 조로증에 걸린 것입니다.

차라리 교직이 지금처럼 최고의 직업으로 각광받지 않았던 1990년대 초반에는 이런 안타까움이 덜했습니다. 교사보다 나은 대우를 받는 일자리도 충분히 많았기 때문에 적성에 맞지 않고, 견디기 어려우면 언제라도 그만둘 수 있었으니까요. 그래서 교직에 오랫동안 남은 분들은 교사에 적성이 맞는 분들이거나 아니면 다른 곳에 갈 만한 능력도 안 되는 분들이었습니다. 전자는 가르치는 것을 즐길 수 있으며, 후자는 무능하고 문제는 많지만 적어도 불만이나 짜증에 차 있지는 않았습니다. 그저 이 정도라도 감사할 뿐이었죠.

하지만 지금은 5퍼센트 이내에 든다는 최고의 인재들이 교직에 진출합니다. 그리고 그런 분들이 모여서 넌더리에 가득 찬 냉소적인 조로증 환자가 되어가고 있습니다. 정말 안타까운 일입니다. 그런 분들은 교직에 입직하기 전에 미리 교사에 대해 충분히 알아 두었어야 했습니다.

그래서 저는 이 책 속에 저의 경험담을 총동원해서 교사란 무슨 일을 하며 또 해야 하는가, 교사는 어떤 어려움을 극복하고, 어떤 곳에서 삶의 가치를 얻어야 하는가를 최대한 드러내 보이려고 했습니다. 즉 교사로서 살면서 행복하려면 어떻게 해야 하는가를 최대한 보여 주려 했습니다. 그래서 버리기 아까운 철밥그릇을 받기 전에 미리 생각해 보고 결정하는 데 도움이 되기를 희망합니다. 이미 밥그릇을 받아 버리면 그것을 물리기란 너무 어렵기 때문입니다.

이 책을 보면서 같이 감격하거나, 아니면 비판하고 싶어지는 분, 즉 긍·부정을 막론하고 반응이 오는 분은 학교로 오셔야 할 분입니다. 반면, 긍·부정을 막론하고 도통 아무런 반응이 오지 않는 분은 유감스럽지만 학교와는 좀 거리가 있는 분일 겁니다. 이런 분들은 버리기엔 너무 아까운 철밥그릇을 받기 전에 미리 다른 직장을 알아보는 것이 본인이나 아이들 모두에게 좋을 것입니다. 교사는 단지 철밥그릇의 위안만을 가지고 버티기에는 너무도 고달픈 직업이기 때문입니다. 모쪼록 이 보잘것없는 책이 교사가 되고자 하는 젊은이들에게 교사의 의미에 대해 한 번 더 생각해 보는 계기가 되었으면 합니다.

교사가 말하는 교사
교사가 꿈꾸는 교사

1판 1쇄 발행일 2015년 8월 31일 | 1판 6쇄 발행일 2022년 5월 20일
글쓴이 권재원 | 펴낸 곳 (주)도서출판 북멘토 | 펴낸이 김태완
편집주간 이은아 | 편집 김경란, 조정우 | 디자인 안상준 | 마케팅 이상현, 민지원, 염승연
출판등록 제6-800호(2006. 6. 13.)
주소 03990 서울시 마포구 월드컵북로 6길 69(연남동 567-11), IK빌딩 3층

ⓞ bookmentorbooks__   ⓕ bookmentorbooks   ⓜ bookmentorbooks@hanmail.net

ISBN 978-89-6319-145-4 03370